AI로 기획하라

ChatGPT로 시작하는
사업계획, 제조혁신, 그리고 미래

AI로 기획하라

노중석 지음

두드림미디어

노하우(know-how)를 넘어,
노에이아이(know-AI)의 시대가 온다

한때는 노하우(know-how)가 모든 경쟁력의 기준이었다. 누가 일을 더 잘 아느냐, 누가 문제를 더 빠르게 해결하느냐가 실력을 평가하는 잣대였다. 그 시절에는 경험이 곧 힘이었고, 오랜 시간을 투자해 몸으로 익힌 기술이 그 사람의 신분증이었다. 현장에서는 숙련자의 손끝 감각이 공정의 안정성과 품질을 결정했고, 한 사람의 노하우가 회사의 생산성을 좌우했다. 나의 30대에는 그 시대의 마지막을 온몸으로 겪으며 성장했다. 문제가 생기면 해결책은 오로지 '몸으로 부딪치는 것'뿐이었다. 근무시간이 끝나고도 집에 가지 못한 채 도면을 다시 보고, 설비를 붙잡고 공정 데이터를 뒤집어 보며 원인과 해결 방안을 찾아야 했다. 수십 번의 테스트와 값비싼 손실 끝에야 비로소 한 가지 답을 얻을 수 있었고, 그 답 하나가 회사의 경쟁력이 되었다. 내가 처음 선택한 회사에서, 그 시절의 나는 노하우가 인생의 전부라고 믿었다. 지식도 중요했지만, 설비를 다루는 손끝의 감각, 실패에서 오는 경험의 깊이가 나를 증명하던 시대였다.

그러나 2010년대가 시작되면서 세상은 빠르게 달라졌다. 스마트폰이 보급되고, 정보가 인터넷 시대보다 더욱 폭발적으로 늘어나자 '아는 사람'보다 '더 빨리 찾는 사람'이 더 유능하다는 말이 통용되었다. 손안에서 바로 모든 정보를 찾을 수 있었다. 컴퓨터로 갈 필요로도 없었다. **노하우보다 더 중요한 것은 노웨어(know-where), 즉 누가 어디서 얼마나 빨리 답을 찾아야 하는가였다.** 정보의 바닷속에서 방향을 아는 사람이 강자가 되었고, 누가 더 빠르고 정확하게 자료를 모으고 분석하느냐가 곧 경쟁력의 척도가 되었다. 이 시기를 지나면서 나는 한 가지 중요한 사실을 깨달았다. 세상은 이제 '경험'이 아닌 '접근'의 시대에 들어섰다는 것이다. 데이터베이스를 정리하고, 보고서를 작성하며, 논문을 인용하는 능력이 실력으로 인정받던 시대였다. 그때부터 나는 더 이상 노하우만으로는 버틸 수 없다는 것을 알았다. 경험의 가치는 여전히 중요했지만, 그것만으로는 세상의 속도를 따라잡을 수 없었다.

그리고 지금, 2026년의 문턱에서 우리는 다시 한번 거대한 변화의 파도를 맞이하고 있다. **이제는 노에이아이(know-AI)의 시대다.** 이 단어는 아직 사전에 없지만, 분명히 존재해야 한다고 나는 믿는다. 에이아이(이하 AI)를 얼마나 잘 알고, 얼마나 잘 다루느냐가 개인의 경쟁력과 기업의 생존을 결정짓는 시대이기 때문이다. AI는 더 이상 '특정 전문가만 다루는 고급 기술'이 아니다. 이제 AI는 모든 산업과 모든 직무, 심지어 개인의 삶 속까지 깊숙이 들어왔다. AI는 단순히 데이터를 분석하고 문서를 요약하는 도구가 아니다. AI는 사고의 구조를 정리하고, 인간의 논리적 빈틈을 채워주며, 때로는 우리가 미처 생각하지 못한 새로운 가능성을 제시하는 존재다. 즉, **AI를 잘 다루는 사람은 단순히 더 빠른 사람이 아니라, 더 깊게 사고하고 더 멀리 바라볼 줄 아는 사람이다.**

나는 최근에 다양한 AI를 다루며 20대 시절의 나를 자주 떠올린다. 그때 나는 밤을 새워 '디아블로', '리니지' 같은 롤플레잉 게임을 하곤 했다. 게임 속 세상은 단순했지만, 그 안에는 현실의 축소판이 있었다. 누구나 캐릭터를 키우지만, 결과는 달랐다. 레벨이 높다고 해서 반드시 강한 것이 아니었다. 레벨 80의 캐릭터라도 장비와 스킬 세팅이 엉망이면, 레벨 60 유저에게 결투(PK)로 패배할 수도 있었다. 결국 강함을 결정짓는 것은 '얼마나 많이 싸웠는가?'가 아니라, '얼마나 효율적으로 키웠는가?'였다.

AI도 똑같다. 누구나 챗지피티(이하 ChatGPT)나 제미나이(이하 Gemini) 등의 오픈AI(OpenAI)를 쓸 수 있다. 하지만 누구나 같은 결과를 얻는 것은 아니다. AI를 단순히 검색 도구로만 쓰는 사람은 한계에 부딪히고, AI를 '함께 사고하는 동료'로 대하는 사람은 완전히 다른 차원의 결과를 만든다. 결국 AI는 현실 속의 캐릭터다. 누가 얼마나 잘 키우고, 얼마나 자기 스타일에 맞게 성장시키느냐에 따라 현실에서의 능력 또한 몇 배로 달라진다. AI를 내 삶에 맞게 학습시키는 일은 마치 게임에서 캐릭터를 성장시키는 것과 비슷하다. **AI에게 내가 하는 일의 맥락을 이해시키고, 내가 좋아하는 방식으로 대화하도록 만**

들며, 내가 필요로 하는 데이터를 빠르게 정리하게 만드는 과정이 결국 'AI 성장'이다. 이 과정에서 각자의 프롬프트 설계 능력, 즉 질문의 수준이 캐릭터의 성장 방향을 결정한다. 게임에서 무작정 싸우는 캐릭터보다 전략적으로 훈련된 캐릭터가 더 강하듯, AI도 아무렇게나 사용하는 것보다 명확한 목표와 전략을 가진 사용자가 훨씬 강력한 결과를 얻는다.

AI를 잘 다루는 사람은 결국 '질문을 잘 던지는 사람'이다. 좋은 질문이 좋은 답을 만든다. 그리고 그 질문은 경험이 아니라 '사고의 구조'에서 나온다. 나는 지난 20년간 수많은 사업계획서를 작성했다. 창업 관련 사업, 중기부&산업부 R&D 사업, 스마트공장 사업까지 분야를 불문하고 많은 사업계획서를 작성했다. 그 과정에서 느낀 것은 단순했다. **사업계획서의 완성도는 결국, 문장력이 아니라 논리력과 구조화 능력에서 나온다는 것이다.** 그런데 지금은 AI가 그 구조를 제시해준다. ChatGPT는 내 생각의 틀을 잡아주고, 놓친 관점을 짚어주며, 데이터를 연결해 스토리로 바꿔준다. 과거에는 며칠이 걸리던 일이 이제는 몇 시간, 혹은 몇 분이면 가능해졌다. AI는 단순히 글을 대신 써주는 기술이 아니다. **AI는 사고를 확장시켜주는 도구이며, 기획의 파트너이자 전략의 동반자다.**

그런데도 여전히 많은 사람이 AI를 사용하지 않는다. AI를 어렵다고 느끼면서 신뢰할 수 없다고 생각한다. 그래서 예전처럼 인터넷을 뒤지고, 유튜브를 찾아보며, 책을 베껴 쓴다. 그리고 여전히 밤을 새워 문장을 다듬으며, 결과를 내기 위해 몸으로 버틴다. 나는 그 모습을 볼 때마다 안타까움을 느낀다. 이미 AI는 그 모든 수고를 줄여줄 수 있는데, 아직도 사람들은 그 가능성을 믿지 않는다. AI는 결코 인간을 대체하지 않는다. AI는 인간의 생각을 구조화하고, 속도를 높이며, 방향을 명확히 해주는 기술이다. AI를 잘 다루는 사람은 전문가를 기다리지 않는다. 스스로 문제를 정의하고, 스스로 해결책을 찾아낸다. 그런 사람은 이미 시대를 한발 앞서가고 있다.

이제는 더 이상 노하우의 시대도, 노웨어의 시대도 아니다. 우리가 사는 세상은 이미 노에이아이의 시대로 들어섰다. AI를 얼마나 잘 이해하고, 얼마나 깊이 있게 다루느냐가 개인의 실력과 기업의 성장, 나아가 산업의 미래를 결정한다. 이재명 대통령은 2026년 예산안 시정 연설에서 이렇게 말했다.

"산업화 시대에는 하루가 늦으면 한 달이 뒤처지고, 정보화 시대에는 하루가 늦으면 1년이 뒤처졌지만, AI 시대에는 하루가 늦으면 한 세대가 뒤처집니다."

그 말처럼 이제는 변화의 속도가 인간의 적응 속도를 앞지르고 있다. AI를 단순히 이용하는 사람과 AI를 '나의 두 번째 두뇌'로 키운 사람의 격차는 앞으로 더욱 커질 것이다. **이제는 경험이 아니라 사고의 구조가 경쟁력이 되고, 기술보다 질문의 수준이 결과를 바꿀 것이다.**

이 책 《AI로 기획하라》는 그 변화의 한가운데서 쓰였다. AI

를 기술이 아니라 사고의 도구로 다루는 법, AI를 내 업무와 산업의 현실에 맞게 설계하는 법, 그리고 AI를 통해 개인의 역량을 극대화하는 방법을 담았다. AI를 어떻게 가르치고, 어떻게 나에게 맞게 키워야 하는가, 그리고 그것이 왜 중요한가에 대한 이야기를 이 책에서 전하고자 한다. AI를 잘 다루는 사람은 더 이상 전문가를 기다리지 않는다. 그는 스스로 문제를 정의하고, AI와 함께 해결책을 만든다. AI는 그의 사고를 정리하고, 판단을 도와주며, 생각의 깊이와 속도를 동시에 높인다. 결국 **AI는 나를 대신하는 존재가 아니라, 나를 확장시키는 또 다른 내가 될 수 있다.**

AI는 단순한 도구가 아니라 현실 속의 캐릭터다. 그 캐릭터를 얼마나 잘 성장시키고, 얼마나 잘 이해시키느냐에 따라 현실 세계에서의 능력은 몇 배로 달라진다. AI를 학습시키는 일은 결국 나 자신을 성장시키는 일이다. AI를 배우는 일은 곧 나의 사고를 재정립하는 과정이다. 이 책은 그 여정을 함께하기 위한 안내서다. AI 시대를 두려워하지 않고, 오히려 적극적으로 받아들이려는 사람들을 위한, 진짜 '기획자의 생존 매뉴얼'이다.

나는 이 책을 단순히 AI를 설명하기 위해 쓰지 않았다. 내가 제조현장에서 수많은 밤을 지새우며 배웠던 경험, 벤처기업에서 실패를 통해 얻은 깨달음, 그리고 다시 중견기업 연구소에서 AI를 실무에 적용하며 느낀 변화를 모두 담고 싶었다. 그 긴 여정 속에서 나는 깨달았다. **이제는 노력을 많이 하는 사람이**

아니라, AI를 잘 다루는 사람이 더 빨리 성장하는 시대라는 것을. 그래서 이 책은 나처럼 현장에서 바쁘게 일하는 사람들, 사업을 준비하며 고민하는 창업가들, 그리고 변화가 두렵지만 도전하고 싶은 모든 사람을 위해 쓰였다.

이 책을 읽는 당신이 꼭 AI 전문가일 필요는 없다. 나는 AI를 전공하지 않았고, 처음에는 그것이 나와 상관없는 기술이라고 생각했다. 하지만 이제 AI는 내 업무의 일부이자, 생각의 파트너가 되었다. **이 책을 통해 독자들이 'AI는 어렵다'라는 두려움을 내려놓고, 'AI를 이렇게 활용할 수 있구나'라는 확신**을 얻었으면 한다. AI는 나를 대신하지 않는다. 다만, 나를 몇 배로 성장시키는 도구가 될 뿐이다.

이 책이 그 시작을 함께하는 첫걸음이 되길 바란다.

노중석

차례

[AI 인식]
산업에서 AI가 필요한 이유

제조산업이 왜 지금 당장
오픈AI를 이해하고 활용해야 하는가?

AI 시대의 도래,
그러나 제조현장은 여전히 느리다

AI라는 단어가 더 이상 낯설지 않은 시대가 되었다. 은행의 대출심사, 병원의 영상 판독, 로펌의 판례 검색, 광고 카피 작성까지 이미 여러 산업에서 AI가 실무의 중심으로 들어왔고, 개인의 일상에서도 누구나 오픈AI를 열어 질문하고 답을 얻는다. 그러나 제조현장에 발을 디딘 순간, 분위기는 달라진다. "우리 일은 손으로 감을 잡아야 해", "이 복잡한 공정을 AI가 이해할 수 있을까?"라는

AI는 먼 미래가 아니라, 지금의 현장에 필요한 기술이다

출처 : 저자 제공(이하 동일)

말이 습관처럼 튀어나오고, 데이터는 쌓이지만 쓰지 못하는 자산으로 방치된다. 기술은 앞에 있는데 인식은 뒤에 있고, 현장의 구조는 그 간극을 넓히기도 한다. 그 간극을 좁히지 못하면 생산성·품질·원가의 곡선은 더 이상 개선되지 않는다.

나는 금속·용접·주조·가공이 얽힌 제조현장에서 오랫동안 일했다. 출발점은 정부출연연구소였다. 그곳에서 마찰교반용접(Friction Stir Welding) 같은 특수용접을 개발하며 '이론과 실험이 산업으로 넘어가는 순간의 난도'를 매일 목격했다. 실험실에서는 재현되던 결과가 현장에서는 흐트러지고, 작은 변수 하나가 품질 곡선을 뒤틀었다. 연구가 끝나고 기술이전이 완료된 뒤에도 '사업화'라는 언덕은 있었다. 그 언덕을 직접 넘어보고 싶었던 나는 이후 특수용접 기반의 기술벤처기업에서 창립멤버로 함께 운영했다. 이때 나는 "기술을 믿는다"라는 말이 얼마나 많은 책임과 시행착오를 동반하는지 뼈저리게 배웠다.

기술벤처의 초창기는 말 그대로 '모든 게 부족한 상태'였다. 인력은 적고, 해야 할 업무는 끝이 없었다. 누군가는 장비를 세팅하고, 누군가는 공정조건을 잡고, 누군가는 견적과 계약서를 쓰고, 누군가는 정부사업 제안서를 밤새워 작성해야 했다. 어린 나이에 모르는 것이 너무 많았고, 물어볼 사람도, 기다려줄 시장도 많지 않았다. 당장 연구자금을 만들어야 했기에 정부 연구개발 사업과 각종 지원사업을 기획하고, 제안서를 쓰는 일로 밤을 지새우기 일쑤였다. 밤새 사업계획서를 쓰고, 새벽에 문서를 출력해서 봉투에 넣어 오전에 차를 몰고 운전해서 접수하러 가고, 다음 날은 고객

사에서 기술영업 미팅을 하고, 돌아오는 길에 또 공정 데이터를 보며 다음 실험 조건을 조정했다. 고단했지만 버틸 수 있었던 이유는 '다음 단계가 보인다', '희망이 보인다'라는 믿음 하나였다.

하지만 그 믿음에는 어디서 물이 새는지 볼 틈이 없었다는 맹점이 있었다. 매출은 늘었지만 정부사업 비용의 성격과 사업비 사용처, 정부과제의 규정과 절대적인 관리 포인트를 대충 처리했고, 그 실수는 누적되었다. '이번만 넘기자'가 쌓이며 사업 수행 및 사업비 집행 기준은 불안정해지고, 어느 날 물이 새는 그 틈 때문에 회사의 운명은 바뀌었다. 지원금은 기회이지만 동시에 위험이었고, 기술은 진전을 이루었지만 경영은 미숙했다. 그 경험은 뼈아픈 배움이었다. 결국 나는 정부사업의 양날을 정면으로 마주했고, 그 이후《정부지원금을 활용해 안전하게 기업 경영하기》를 집필해야겠다고 마음먹었다. 과거의 나에게 가장 필요했던 책을, 내가 직접 써서 위험성을 알지 못하는 다른 이들에게 알리고 싶었다.

돌이켜 보면 그 시절에는 '노하우'와 '노웨어'가 전부였다. 손끝의 감각으로 공정을 지키고, 무한 검색으로 자료를 모아 문장을 쌓았다. 그런데 지금은 판이 다르다. 오픈AI가 등장한 이후에는 '노에이아이'가 실력의 척도가 되어가고 있다. 내가 겪었던 야근과 밤샘, 차 안의 쪽잠과 즉석 회의록, 그 모든 과정을 AI는 구조화해서 빠르게 처리해준다. 만약 그때 지금의 ChatGPT가 내 곁에 있었다면, 사업계획서의 첫 초안은 몇 분 만에 골격을 갖췄을 것이고, 문서의 빈칸을 채우는 데 들이붓던 체력 일부를 공정 검증과 고객 발굴에 돌릴 수 있었을 것이다. 잘못된 의사결정의 상당수는 정보의 부족이 아니라 '생각의 왜곡'에서 나온다는 사실을, 나는 뒤늦게 깨달았다. AI는 이 왜곡을 줄여준다. 비교 프레임을 자동으로 만들고, 가정과 변수의 영향을 표로 펼치고, 근거를 재구성하며 '다른 관점과 다른 시나리오'를 끊임없이 제안한다. 바로 이것이 제조현장에서 AI를 당장 이해하고 활용해야 하는 이유다.

그럼에도 제조현장의 속도가 느린 이유는 기술력의 한계보다는 사회의 인식과 구조에 있다. 공장은 멈춤이 손실이므로 새로운 시도는 늘 위험으로 보인다. '검증된 방식'이 조직에서는 미덕이 되고, 데이터를 해석하고 모델을 만들려고 하는 인력은 현장에 아직은 소수일 뿐이다. 센서를 통해 수집되는 압력·온도·진동 데이터는 산처럼 쌓이지만, 그 산에 길을 내어 활용하는 사람은 드물다. 기술의 저항은 종종 'AI가 사람을 대체하는 것인가?'라는 불안감을 가지게끔 하는데, **현실에서 AI는 사람의 대체가 아니라 능력의 증폭 성격이 강하다.** 반복성·표준화·정형화의 피로를 AI가 떠안고, 사람은 고유의 판단과 맥락 설계에 시간을 씀으로써 전체의 품질과 속도가 함께 올라간다. 결국 AI는 사람의 실력을 '곱하기'로 바꾸는 증폭기이며, 공정·품질·생산·구매·영업의 모든 라인에 '질문을 잘 던지는 법'이라는 공통의 규율을 만들게 되는 것이다.

나는 AI 기반의 판독·비전·OCR·자동화 과제를 현장에서 적용하면서 현장 작업자들의 태도 전환을 직접 봤다. 도입 직전까지 "과연 AI가 정확히 판독할 수 있을까?", "틀리면 누가 책임지나?"

라는 우려와 질문이 압도적이었지만, 적용 결과가 누적되고 검증되자 우려와 질문의 내용이 달라졌다. "왜 틀렸는지, 어떤 샘플에서 그랬는지", "다음에는 무엇을 보완할지"라는 질문이 자연스럽게 따라붙었다. 그때 깨달았다. **AI의 성공은 기술 성능의 문제가 아니라 '조직이 질문하는 방식'을 바꾸는 일이라는 것을.** 요컨대 AI는 현장에 '생각의 언어'를 도입한다. 기준을 어떻게 정의할지, 변수를 어디까지 포함할지, 최적화를 어떤 함수로 놓을지 같은 질문이 공통 문법이 되고, 그 문법은 공정과 문서, 보고와 의사결정을 관통한다.

여기서 오픈AI의 의미가 분명해진다. 고가의 솔루션이나 대규모 시스템으로만 AI를 이해하던 시절은 지나갔다. 오늘 업무에서의 작은 의사결정(예컨대 고객 클레임 보고서의 논리 구조, 공정 이상 원인의 분석 결과, 다음 분기 설비 투자 타당성의 근거 표)를 ChatGPT는 그 자리에서 구조화해 작성해낸다. '문장 대신 프레임'을 먼저 만들고, '주장 대신 데이터'를 확보하며, '개인의 감 대신 조직의 합의 가능한 내용'으로 바꾼다. 이 작은 전환을 하루에 열 번씩 반복하는 조직은 1년 후 완전히 다른 방식으로 일하게 될 것이다. 반대로 이러한 전환을 계속 미루는 조직은 같은 1년을 회전문처럼 돌 뿐이다.

제조산업의 본질은 변하지 않았다. 여전히 품질·원가·납기 (QCD)가 기업의 생존을 가른다. 변한 것은 그 본질을 지키는 방법이다. 과거에는 숙련자의 노하우가 품질을 지켰고, 무한 야근이 납기를 맞췄다. **지금은 AI가 공정표준을 지키고, 데이터가 납**

기를 예측하며, 사람은 변수와 전략을 다룬다. 즉, 본질은 그대로인데 접근이 바뀌었다. 접근을 바꾸면 조직의 시간 배분이 바뀌고, 시간 배분이 바뀌면 경쟁력이 바뀐다. 이 단순한 사슬을 끊는 것은 변화에 대한 도전뿐이고, 이 사슬을 움직이는 것은 이해뿐이다.

나는 한 가지는 분명히 말할 수 있다. 과거 특수용접 기술을 사업화하던 그 시절, 오픈AI가 있었다면 많은 것이 달라졌을 것이다. 어쩌면 실패하지 않았을지도 모른다는 생각도 한다. 밤새워서 쓰던 사업계획서는 60% 정도는 AI의 도움으로 빠르고 정확하게 뼈대가 잡혔을 것이고, 나는 나머지 40%의 핵심 차별성·재현성·리스크 같은 내용에 집중했을 것이다. 고속도로에서 차로 이동하는 시간에 쪽잠이나 휴식 대신 AI와 함께 테스트 최적화 검증 방법을 더 고민했을 것이고, 어디서 문제가 발생하고 있는지 모른 채 흘려보내던 시간과 비용을 더 빨리 발견하고 수정했을 것이다. 무엇보다 AI와 이야기하면서 '묻고 또 묻는 법'을 더 빨리 배웠을 것이다. AI는 답을 주는 기계이기 이전에, 나 자신한테 올바른 질문, 합리적인 질문을 하게 만드는 거울이다. 그 거울 앞에서 조직은 스스로 허점을 발견하게 된다. 그리고 그 허점을 채우는 속도가 경쟁력이다.

결국 질문은 하나로 수렴된다. 대한민국 제조현장은 왜 지금 당장 오픈AI를 이해하고 활용해야 하는가? 답은 이렇다. **첫째, AI는 노하우를 소수의 머릿속에서 조직의 자산으로 전환한다.** 센서·로그·영상·문서를 통해 경험을 데이터로, 데이터를 지식으로, 지식을 판단 규칙으로 변환시킨다. **둘째, AI는 문서와 의사결정을 표준화한다.** 사업계획서·R&D 계획서·품질 보고서의 작성 프레임을 통일하고, 한번 만든 관련 프롬프트는 표준화되어 정리된다. **셋째, AI는 속도를 바꾼다.** 직원 1명이 처리할 수 있는 범위와 속도가 10배 이상 증가한다. 개인의 역량에 따라 다르지만, AI를 어떻게 사용하느냐에 따라 업무 처리 속도는 기존에 생각지도 못할 정도로 빨라진다. **마지막으로, AI는 업무 문화를 바꾼다.** "왜?"라고 묻는 습관, 근거를 우선하는 습관, 가설을 세우고 결과를 확인하는 습관이 하루 업무의 기본이 된다. 이 4가지가 기업 내부에 적용되면 조직은 짧은 시간 안에 매우 강해진다.

AI는 당신의 경쟁자가 아니다. **AI는 당신의 증폭기이자 두 번째 두뇌다.** 제조현장에서의 AI 도입은 거대한 투자가 아닌 작은 질문에서부터 시작된다. 오늘 발생한 불량의 보고 방식을 바꾸는 일, 차주 보고서의 목차를 데이터 우선으로 재배치하는 일, 다음 분기 설비 투자 타당성을 표준화하는 일, 그리고 그 모든 과정을 프롬프트로 기록해 팀의 자산으로 남기는 일. 이것이 '지금 당장' 우리가 할 수 있는 오픈AI의 시작이다. 기술은 이미 준비되어 있고, 필요한 것은 기업 구성원들의 태도와 이해다. **두려움을 정보로, 감을 데이터로, 경험을 프레임으로 바꾸는 그 첫걸음이 바로 AI 인식의 출발점이다.** 그리고 그 한 걸음이, 1년 뒤 기업의 제조현장을 완전히 다른 모습으로 바꿔놓을 것이다.

① AI는 제조현장에서 사람의 노하우를 데이터·지식·판단 규칙으로 전환하는 증폭기다.

② AI를 활용하면 공정·문서·의사결정이 빠르게 표준화되고, 업무 속도는 최소 10배 이상 증가한다.

③ AI는 답을 대신 주는 도구가 아니라, 조직이 '올바른 질문을 하도록' 사고방식을 바꾸는 거울이다.

④ '검증된 방식'에 머무르면 조직은 그대로 멈추고, AI를 쓰는 조직은 1년 만에 완전히 다른 방식으로 일한다.

⑤ AI는 경쟁자가 아니라 두 번째 두뇌이며, 지금 당장의 작은 적용이 1년 뒤 제조현장을 완전히 바꾸는 시작점이다.

   AI로 기획하라

'**AI는 나와 상관없다**'라는 착각이
가장 위험하다

최근 들어 AI가 모든 산업의 중심으로 물밀듯이 들어오고 있는
데, 산업현장에서 AI를 사용하는 데 가장 큰 문제는 기술이 아니
라 사람이다. 제조기업에서 AI를 도입할 때 가장 먼저 부딪히는
벽은 '데이터가 없다', 'AI를 사용할 줄 아는 사람이 없다'라는 말
이다. 이 두 가지 중에서도 실제로 더 큰 문제는 사람이다. AI 기
술이 아무리 고도화되어 있어도 그것을 활용하고 관리하는 사람

이제 기업에서의 AI 도입은 생존이다

의 이해와 태도, 그리고 역량이 뒷받침되지 않으면, 아무런 변화도 일어나지 않는다. **기술은 단지 도구일 뿐, 변화를 만들어내는 것은 결국 사람이기 때문이다.**

내가 기술벤처기업에서 근무하던 시절, 사람의 중요성을 누구보다 깊이 느꼈다. 물론 현재 다니고 있는 중견기업에서도 사람은 중요하다. 하지만 기업의 규모가 커지면 사람보다는 조직력이 우선화된다. 기업체가 아닌 정부출연연구소에서 일했을 때를 생각해보면, 기술을 개발할 때 전문화된 개발 시스템이 있었고, 문제를 함께 토론하고 해결할 동료들이 있었다. 하지만 벤처기업에서 개발된 기술을 사업화하려 했을 때의 상황은 완전히 달랐다. 기술은 있었지만, 문제를 해결할 인프라가 없었다. 장비는 있었지만, 그 장비를 다룰 인력이 부족했다. 기술은 향상했지만, 자금은 늘 모자랐고, 영업은 따라오지 못했다. 결국 하나의 사람이 여러 역할을 동시에 해야만 했다. 기술개발자이자 사업기획자, 영업담당이자 회계관리자였다. 어느 한쪽을 챙기면 다른 한쪽이 비게 되고, 결국 회사의 시스템은 흔들렸다.

지금 돌이켜 보면, 그때 가장 부족했던 것은 정보와 가이드였다. 정부사업을 수행하면서 수많은 규정과 절차를 익혀야 했지만, 현장은 너무 바빴다. 사업비를 어떻게 써야 하는지, 증빙서류는 어디까지 준비해야 하는지, 적법성은 어떤 기준으로 판단되는지, 이런 것들은 경험으로밖에 배울 수 없었다. '이건 괜찮겠지', '이 정도는 허용되겠지'라는 느낌에 의존하다 보니, 업무 처리 내용이 허술할 수밖에 없었다.

‘만약 그때 지금의 오픈AI가 있었다면 어땠을까?’ 최근 나는 그런 생각을 자주 한다. ChatGPT나 Gemini 같은 오픈AI는 단순히 글을 대신 써주는 도구가 아니다. **규정, 절차, 법적 문서를 이해하고 해석할 수 있는 ‘디지털 참모’다.** “정부 R&D 사업비에서 참여 연구원 인건비를 현금으로 집행할 때 주의할 점은?”이라고 물으면, 관련 지침과 유사 사례를 보여준다. “이 지출내역의 증빙을 위해서 해당 첨부자료를 제출하면 인정받는 데 문제가 없을까?”라고 물으면 판단 근거를 정리해준다. **결국 AI를 활용하는 것은 사람이 실수할 수 있는 항목을 AI가 먼저 검토해 ‘사전 경고’를 받을 수 있다는 것이다.**

AI는 법규·관리·회계·인사 등 전문화된 영역에서 담당자가 놓치기 쉬운 비정형 영역을 구조화해 쉽게 관리할 수 있게 한다. 나는 과거 정부사업비를 잘못 관리해 회사를 잃은 경험이 있다. 그때는 잘못되고 있는 부분을 미리 알 방법이 없었다. 하지만 지금은 AI가 있어서 다르다. AI는 규정을 찾아주고, 근거를 비교하며, 위험을 예측할 수 있다. 즉, **AI는 시스템 관리의 파트너가 될 수 있다.** 정부사업 수행 중 ‘사업비를 이렇게 사용하는 것은 괜찮을까?’라고 불안할 때 AI에게 물어보면, AI는 곧장 지침을 불러와 근거를 보여주고 담당자의 의구심을 해결해준다. 이런 기능은 단순한 자동화가 아니다. 개인의 경험 부족에서 오는 리스크를 줄여주는 구조적 장치인 것이다.

제조산업에서도 마찬가지다. 데이터보다 사람이 먼저다. AI를 적용하기 전에 사람의 생각이 먼저 바뀌어야 한다. 많은 제조기업이 여전히 AI를 '일부 기술팀의 일'로만 본다. 하지만 **AI는 전사적 도구다.** 경영·회계·품질·영업·기술 등 전 부서에서 사용해야만 한다. 공장 현장의 데이터를 모으는 것도 중요하지만, 그 데이터를 어떤 질문으로 읽을 것인지 정하는 것은 사람이다. 기술자가 공정 데이터를 보고 "왜 이런 데이터 패턴이 나왔지?"라는 질문을 던질 때, AI는 답을 찾아준다. 하지만 그 질문을 던지지 않으면 AI는 아무 일도 하지 않는다.

내가 예전 벤처기업에서 근무할 때는 모든 일을 사람이 감당했다. 매일 사업계획서를 직접 작성해야 했고, 발표자료도 매번 직접 준비해야 했다. 사업비 사용내역 및 관리도 직접 하고, 사업보고서도 만들었다. 벤처기업이라 사람은 없는데, 할 일은 많아서 바쁠 때마다 야근해야만 했다. 하지만 지금은 그 모든 작업을 AI에게 맡길 수 있고, 함께할 수 있다. "정부사업 발표용 PPT를 10분 발표 기준으로 만들어줘"라고 하면, 구조와 문장을 그럴싸하게 금세 만들어주고, "해당 지출항목에 증빙 요건을 요약해서 알려줘"라고 하면, 회계 담당자보다 빠르게 사업비 사용 규정을 정리해준다. **결국, AI는 사람이 더 중요한 일에 집중할 수 있게 만들어주는 도구이자 파트너인 것이다.**

AI는 단순히 자동화가 아니라 인간의 사고를 확장해주는 도구다. 벤처기업에 다닐 때 에피소드가 있는데, 회계 경리 담당이 아파서 연차를 내게 되면 연구소장이 세금계산서를 발행했고, 영업 담당이 휴가를 가면 연구원이 고객 견적서를 썼다. 사람이 없으니 별수 없었다. 그렇게 중요한 업무가 비전문가 손에서 이루어지는 일이 허다했다. 그러다 보니, 어디서 실수가 생겼는지도 모른 채 매일매일 일을 해나갔고, 그러다 연관된 문제가 한 번에 폭발하기도 했다. 지금 생각하면, 그것은 시스템의 부재였다. 중견, 대기업으로 기업이 성장하면서 탄탄한 조직이 만들어지면, 이러한 부분은 많이 완화될 수 있다. 하지만 이제는 벤처기업과 같이 사람이 적은 회사도 그 시스템을 만들 수 있다. 바로 AI 덕분이다. AI는 일의 흐름을 기억하고, 반복되는 업무를 정리하며, 누락된 항목을 찾아낼 수 있다. 나를 도와줄 수 있는 제2의 AI, 제3의 AI를 활용함으로써 더욱 탄탄한 시스템을 구축할 수 있다. **즉, AI는 기업의 규모가 작아서 관리가 어려운 회사에 가장 큰 기회다.**

많은 중소기업이 'AI는 우리와는 상관없는 기술'이라고 말한다. 하지만 이것은 완전히 잘못 알고 있는 사실이다. **AI는 거대한 제조라인보다 작은 조직에 더 효과적이다.** 왜냐하면 AI는 부족한 인력을 대체하고, 경험이 부족한 인원의 판단을 보완하기 때문이다. 예전의 나는 '전문가를 1명 더 뽑을 수 있다면 회사가 달라질 텐데'라는 생각을 자주 했다. 그런데 지금은 다르게 생각한다. **AI 하나를 잘 키우는 것이, 사람 1명을 더 고용하는 것보다 더 강력한 해법이 될 수 있다고 생각한다.**

AI는 반복적인 업무의 파트너일 뿐만 아니라, 문제의 맥락을 이해하고 확장해주는 조언자이기도 하다. 기술개발 사업을 수행할 때도, AI는 수십 개의 사업계획서 예시를 분석하고, 평가항목별로 작성 방향을 제안할 수 있다. 예전에는 수많은 문서를 일일이 읽어야 했지만, 이제는 AI가 사람과 비교할 수 없는 속도로 빠르게 읽고 핵심만 정리된 요약 내용을 제공한다. 이 차이는 단순한 시간 절약이 아니다. 이로 인해 AI는 '사람이 더 창의적인 문제 해결을 위해 집중할 수 있는 환경'을 만들어주게 되었다.

나는 최근 AI를 다양한 업무와 분야에 열심히 사용하면서, 곰곰이 생각을 해봤다.

'10년 전 젊은 혈기에 벤처기업을 다닐 때 나에게 ChatGPT가 있었다면 어땠을까? 그렇게까지 힘들지도, 어렵지도 않았을 것 같고, 결국 실패하지도 않았을지도 모른다.'

이 말은 후회가 아니라 확신이다. AI는 기술자와 같은 전문가가 아닌 비전문가에게 더 필요하다. 경험이 부족하고, 시간이 부족하며, 인력이 부족한 사람들에게 AI는 '부족함을 채워주는 기술'이다. 제조산업의 AI 도입은 기술의 문제가 아니라, 사람의 의지 문제다. AI는 사람이 가진 한계를 보완하고, 사고의 구조를 다시 설계하게 만든다.

결국, AI의 첫걸음은 데이터가 아니라 사람이다. 데이터를 모으기 전에, AI를 공부하기 전에, 우리는 먼저 '왜 나에게 AI가 필요한가?'를 스스로한테 물어야 한다. 그리고 답은 언제나 같다. **AI는 나를 대신하는 존재가 아니라, 나의 부족함을 채워주는 존재다.** 그것이 제조산업이 AI를 받아들여야 하는 진짜 이유다. AI를 통해 기술은 사람을 대신하지 않고, 사람의 가능성을 다시 확장할 수 있다. **지금 우리가 해야 할 일은 복잡하지 않다. AI를 활용**

하기 전에, 먼저 사람의 생각을 바꾸는 일, 그것이 AI 시대 제조
산업의 첫걸음이다.

① AI의 가장 큰 장벽은 기술이 아니라 '사람의 인식과 태도'다.

② AI는 부족한 인력·경험·정보를 보완해주는 '작은 조직일수록 더 강력해지는

기술'이다.

③ AI는 규정·절차·문서·판단을 구조화해 실수를 줄이고, 시스템을 만들어주

는 디지털 참모다.

④ AI를 쓰는 순간 사람은 더 중요한 판단·전략·창의적 업무에 집중할 수 있다.

⑤ AI의 시작은 데이터가 아니라 사람이며, 제조기업은 먼저 'AI가 왜 필요한

가?'를 스스로 묻는 태도의 변화가 필요하다.

제조산업이 지금 당장
오픈AI를 시작해야 하는 이유

제조산업에서 AI를 이야기할 때 사람들은 흔히 생산성·품질·효율을 먼저 떠올린다. 하지만 **AI의 진짜 가치는 그 이전 단계, 즉 사람의 사고 구조를 바꾸는 데 있다.** AI는 데이터를 자동으로 계산하는 도구가 아니라, 사람의 생각을 정리하고 판단을 구조화하게 만드는 기술이다. 이것이 바로 AI가 다른 기술과 본질적으로 다른 점이다.

AI를 활용하기 전에 사람의 생각을 먼저 바꾸자

나는 오랫동안 기술개발과 사업기획의 경계를 오가며 일해왔
다. 연구소에서 실험을 설계할 때는 미세한 변수를 잡아내는 데
집중했고, 사업계획서를 쓸 때는 그 변수를 설득력 있게 정리하는
데 몰두했다. 그런데 그 두 작업은 전혀 달라 보이지만, 본질적으
로는 같은 문제였다. **생각을 어떻게 구조화할 것인가? AI는 바로
이 지점을 대신 도와준다.**

AI를 활용하면 사람들은 종종 놀란다.

'이렇게까지 정리해주네?'
'이건 내가 미처 생각하지 못한 부분인데.'

하지만 그것은 단순한 요약이나 계산의 결과가 아니다. AI는 내
가 던진 질문의 흐름을 분석하고, 문장의 의도를 읽고, 논리의 빈
칸을 찾아 메운다. 결국 AI를 잘 활용한다는 것은, **도구를 다루는
능력이 아니라 자신의 생각을 구조화할 수 있게 만드는 능력을
키운다는 뜻이다.**

과거 제조업은 '경험'과 '감(感)'의 산업이었다. 숙련자는 말하
지 않아도 공정의 상태를 알았고, 용접의 온도나 주조의 타이밍을
손끝으로 맞췄다. 하지만 지금은 그 감각이 점점 데이터로 전환되
고 있다. 압력·온도·속도·진동 같은 값들은 이제 센서가 대신 기
억하고, AI는 그 축적된 데이터 속에서 패턴을 찾아낸다. **AI는 인
간의 감각을 수치로 바꾸고, 그 수치를 다시 판단의 언어로 바꿔**

준다. 이것이 사고의 구조 변화다.

나는 수많은 공정 데이터를 다루며 한 가지를 깨달았다. 사람이 데이터를 분석한다고 해서 모두 같은 결론에 도달하지는 않는다는 것이다. 어떤 사람은 수치의 흐름에 집중하고, 어떤 사람은 현장의 변수를 더 중시한다. 결국 **사람은 자기 경험의 틀 안에서 생각한다.** 하지만 AI는 그 틀을 벗어난다. AI는 데이터 간의 상관관계를 인간보다 훨씬 더 광범위하게 탐색하고, 다른 가능성을 제시한다. 그러므로 AI와 함께 일하면, 자연스럽게 '왜?'라는 질문이 늘어난다. AI가 사고를 대체하는 것이 아니라, 오히려 **사람에게 사고를 더 많이 요구하게 만드는 것이다.**

기술벤처기업에 근무하던 시절, 나는 매일같이 문제를 해결해야 했다. 해결 방식은 늘 비슷했다. 감으로 판단하고, 경험으로 가정하며, 일정 부분은 '운'에 기대었다. 지금 돌이켜 보면, 그때의 한계는 기술이 아니라 사고였다. 문제가 생겼을 때 '왜?'를 묻는 대신, '일단 처리하자'라고 생각했다. 하지만 AI는 다르다. AI는 문제를 받으면 되묻는다. "이 문제의 원인을 구체적으로 설명해줄 수 있나요?", "이 데이터는 어떤 조건에서 수집된 건가요?" 이런 식으로 되묻는 것이 사고를 정리하게 만든다. AI를 사용한다는 것은 단순히 결과를 받는 게 아니라, **질문하는 법을 다시 배우는 일이다.**

AI를 잘 쓰는 사람은 결국 '질문을 잘 던지는 사람'이다. AI는 질문의 질에 따라 답의 깊이가 달라진다. 이것은 단순한 기술 사용법이 아니라, 사고의 훈련이다. 좋은 질문은 논리적 구조를 만들고, 논리적 구조는 더 나은 결정을 만든다. **AI는 그 과정을 빠르게 반복시킨다. 즉, AI는 사람의 사고를 '문제인식 → 구조화 → 검증 → 결론'이라는 순환 구조로 바꾸는 도구다.**

그런 의미에서 AI는 단순히 스마트한 도우미가 아니라, '생각의 체계화 장치'다. 현장에서 일어나는 모든 문제는 결국 사고의 구조에 달려 있다. 품질 불량, 납기 지연, 원가 상승, 사업 실패 등 이 모든 문제의 근본은 '어떻게 사고하느냐'에 있다. 과거에는 리더 1명이 방향을 제시하고, 그 경험이 기준이 되었다. 하지만 이제는 AI가 수많은 변수를 동시에 제시하며 '이 방향도 가능하다', '이 가정은 틀릴 수도 있다'라고 알려준다. AI는 정답을 주지 않는다. 대신 더 넓은 '사고의 지도'를 그려준다. 사람은 그 지도 위에서 자신의 길을 찾아야 한다.

AI가 사고의 구조를 바꾼다는 것은, 곧 업무 방식이 바뀐다는 뜻이기도 하다. 이전에는 문제를 발견하면 바로 해결책을 찾았다. 하지만 AI를 쓰면, 문제를 더 세밀하게 정의하려고 한다. '이 문제는 기술적 문제인가? 인력의 문제인가? 프로세스의 문제인가?' AI는 그 질문을 구분하게 만든다. 이것이 바로 '문제를 구조화하는 사고'다. 결국 문제 해결의 핵심은 도구가 아니라 구조다. 그리고 AI는 그 구조를 시각적으로, 논리적으로, 언어적으로 정렬해준다.

나는 지금도 현장에서 이런 장면을 자주 본다. AI를 처음 쓰는 직원이 "이건 답이 틀린 것 같은데요?"라고 말한다. 하지만 자세히 들여다보면, 틀린 것은 AI가 아니라 질문이다. 조건이 명확하지 않았거나, 가정이 불분명했다. 그 과정을 통해 해당 직원은 자기 질문의 구조를 돌아본다. **AI는 사람의 사고를 비추는 거울이다.** 그 거울을 자주 들여다볼수록, 사고의 결은 정교해진다.

AI를 잘 쓰는 사람은 결국 사고의 체계를 AI와 공유할 수 있는 사람이다. AI에게 문제를 정의하고, 데이터를 설명하며, 원하는 목표를 명확히 전달할 줄 아는 사람, 그 사람이 진짜 AI 시대의 인재다. **이제 중요한 것은 기술의 숙련도가 아니라 사고의 문법을 배운 사람이다.** AI는 이 문법을 가진 사람에게 훨씬 더 큰 힘을 준다. AI는 단순히 결과를 도출하는 도구가 아니라, 사고를 확장하고 검증하는 훈련의 장이다.

AI는 생각의 깊이를 넓히는 기술이다. 데이터를 처리하는 기술보다, 사람이 스스로 생각을 정리하는 방식을 바꾸는 기술이다. 결국 AI는 사람의 사고를 외부화하고, 그 사고를 다시 데이터로 돌려보내 검증하게 만드는 순환 구조를 만든다. 이 구조를 익힌 사람은 더 이상 '경험의 한계'에 머물지 않는다. AI는 사람을 대체하지 않는다. **AI는 사람이 생각을 더 깊이 있게 할 수 있는 구조를 만들어준다.**

이제 제조산업의 과제는 단순히 AI를 도입하는 것이 아니라, AI와 함께 사고할 수 있는 조직을 만드는 것이다. AI를 통해 데이터를 보고, 데이터를 통해 질문을 던지며, 질문을 통해 다시 사고를 확장하는 문화. 이것이 바로 **AI가 사고의 구조를 바꾸는 순간**이다. 기술은 그다음이다. 사람이 변하지 않으면 데이터는 아무 의미가 없다. 하지만 사고가 바뀌면, 그때부터 AI는 진짜 힘을 발휘한다.

① AI의 핵심 가치는 계산이 아니라 '사고를 구조화하는 힘'이며, 제조산업은 이 사고방식을 가장 먼저 받아들여야 한다.

② AI는 질문을 되묻고 사고의 빈칸을 드러내며, 사람에게 더 깊고 정교한 사고를 요구하는 파트너다.

③ 경험 중심의 제조업은 AI와 결합할 때 '왜?'라는 질문이 늘어나고, '문제 정의 → 구조화 → 검증'의 사고 순환이 만들어진다.

④ 이제 제조산업이 해야 할 일은 AI를 도입하는 것이 아니라, AI와 함께 사고할 수 있는 조직을 만드는 것이며, 사고가 바뀌어야 기술이 비로소 힘을 발휘한다.

AI는 선택이 아니라
생존의 조건이다

산업의 변화 속도가 더 이상 예측 가능하지 않은 시대가 되었다. 농·어업과 같은 1차산업시대에는 500년이 지나도 산업의 구조가 크게 바뀌지 않았다. 그러나 2차산업이 도래하고 나서는 50년 정도면 산업이 바뀌기 시작했다. 인터넷을 기반으로 한 3차산업 시대가 되니 5년이면 새로운 산업이 생겨났고, 4차산업인 AI 시대에서는 5개월 만에 산업의 판도가 뒤집히는 세상이 되었다.

제조기업에 AI는 선택이 아니라, 생존의 조건이다

새로운 기술이 등장하면 기존의 가치사슬이 흔들리고, 기술 하나의 차이가 기업의 생존을 가른다. 이런 변화의 중심에는 언제나 AI가 있다. **이제는 "AI를 도입할 것인가?"라는 질문이 아니라, "AI를 얼마나 빨리 내 일에 활용할 것인가?"가 생존의 기준이 되었다.**

AI는 더 이상 특정 부서의 전유물이 아니다. 이제 AI는 경영의 판단, 생산의 효율, 기술의 방향, 품질의 기준, 그리고 고객 납품 및 신뢰 구축까지 모든 산업구조 속에서 활용할 수 있다. 예전에는 데이터를 쌓는 기업이 경쟁력이 있었지만, 지금은 데이터를 해석하고 활용하는 기업, 즉 AI를 통해 데이터를 움직이게 하는 기업이 살아남게 되는 것이다. 이러한 기업 간 AI 활용 차이는 1년이라는 짧은 시간만으로도 기업의 성장과 가치, 그리고 인력 수준 등에 영향을 미친다.

나는 오랫동안 뿌리산업의 기술개발에 종사하면서 현장에서 몸으로 익혀왔다. 한때는 특수용접기술을 열심히 개발했고, 현재는 알루미늄 주조기술을 개발하고 있다. 개발 분야에 상관없이 나는 항상 최적의 조건을 찾기 위해 수십 번의 실험을 반복했고, 제품의 결함 원인을 찾기 위해 며칠 동안을 밤새고 늦게까지 일하면서 반복적으로 계속 평가한 적도 있다. 그렇게 해야만 최적의 조건을 설정할 수 있었다. 그러나 지금은 단 몇 분이면 AI가 그 패턴을 찾아낼 수 있다. AI에게 실험의 내용을 알려주면, 데이터를 정리, 분석, 추론해서 원인과 결과를 정확하게 판단해준다. 지금이 시점에서 가장 **중요한 것은 그 AI를 '누가 먼저 쓰느냐'다.** AI

는 기술이 아니라 속도의 문제다. 과거에는 '누가 더 정확히 하느냐'가 경쟁력이었다면, **이제는 '누가 더 빨리 실행하느냐'가 기업의 생존을 결정**한다.

AI를 외면하는 순간, 조직은 정체되고, 정체는 곧 쇠퇴로 이어진다. 특히 제조산업처럼 고정비가 큰 구조에서는 변화의 속도를 늦추는 것이 가장 큰 리스크다. 설비를 개선하는 데는 10억 원이 들지만, AI를 도입해 분석 체계를 구축하는 데는 그보다 훨씬 적은 비용이 든다. 그럼에도 불구하고 많은 기업은 여전히 "우리는 그럴 여력이 없다"라고 말한다. 하지만 실제 그들이 처한 현실은 그 반대일 경우가 대부분이다. **AI를 도입할 여력이 없는 것이 아니라, AI 도입을 적극적으로 하지 않기 때문에 여력이 생기지 않는 것이다.**

AI를 활용하는 기업은 문제를 '예측'하고, AI를 활용하지 않는 기업은 문제를 '수습'한다. AI는 그동안의 축적된 데이터를 바탕으로 불량이 발생하기 전에 품질 동향을 분석하고, 비용이 새어나가기 전에 비정상 자금 흐름을 감지한다. AI를 잘 활용하는 회사는 위기를 '미리 계산'하지만, 그렇지 못한 회사는 위기를 '뒤늦게 인지'한다. **결국 AI는 단순한 기술이 아니라 위험을 사전에 관리하는 시스템이다.** 이 차이는 한번 벌어지면 다시 좁히기 어렵다.

AI는 기업의 경쟁력을 시간 단위로 바꾼다. 과거에는 숙련자 1명이 하루를 들여 하던 일을, 지금은 AI가 10분 만에 처리한다. 보고서를 만드는 시간, 계획을 세우는 시간, 결정을 내리는 시간 등 모든 시간이 단축될수록 기업의 속도는 높아지고, 속도는 곧 시장 점유율로 연결된다. AI는 생산성의 문제가 아니라, 생존 곡선의 문제다.

많은 기업이 AI를 이야기하지만, 정작 '왜 써야 하는가?'에 대해서는 명확하게 설명하지 못한다. 그 이유는 AI를 여전히 기술로만 보기 때문이다. 하지만 AI는 기술이 아니라 전략이다. **AI는 경영진의 판단을 빠르게 하고, 현장의 데이터를 통합하며, 직원들의 사고방식을 표준화한다.** 이것은 기술을 다루는 기술연구소에만 해당하는 점이 아니라, 전 부서에 해당한다. 즉, AI는 회사 전체의 '두뇌 구조'를 바꾼다. 이제 기업은 설비가 아니라 사고를 자동화해야 한다. 기계가 아니라 사람의 의사결정을 데이터화하는 시대로 들어선 것이다.

AI의 핵심은 '인공지능'이 아니라 '인식의 변화'다. AI를 도입한다는 것은 단순히 프로그램을 설치하는 일이 아니라, 조직이 문제를 인식하는 방식을 바꾸는 일이다. 과거에는 '문제가 생기면 대응한다'였다면, 이제는 '문제가 생기기 전에 감지한다'로 바뀌어야 한다. AI는 문제를 해결하는 기술이 아니라, 문제를 예방하는 사고다.

AI는 더 이상 선택이 아니다. AI는 이미 우리의 일상과 산업, 기업의 뼈대 속에 들어왔다. AI를 쓸 줄 아는 사람과 그렇지 못한 사람의 차이는 앞으로 '직업의 차이'가 아니라 '생존의 차이'가 될 것이다. 이제는 더 이상 '언젠가 배워야지'가 아니라, '오늘부터 써야 한다'가 되어야 한다. AI는 빠른 사람에게 기회를 주고, 늦은 사람에게는 변명의 여지도 주지 않는다.

이제 산업의 경쟁력은 기술력도, 자본도, 인력도 아니다. AI를 얼마나 깊이 이해하고 활용하느냐가 모든 것을 결정한다. AI 기술은 사람을 대체하지 않는다. 그러나 AI를 이해한 사람은 기술을 지배하고, 이해하지 못한 사람은 기술에 끌려다닌다. **결국 AI는 생존의 기준이며, 그 기준을 받아들이는 속도가 기업의 미래를 결정한다.**

① 산업 사이클이 급변하며 AI 활용 속도가 기업 생존의 기준이 되고 있다.

② AI는 생산성 향상보다 더 근본적으로 의사결정 속도와 위험 예측 능력을 바꾼다.

③ AI는 조직 전체의 두뇌 구조를 재편하며, 문제 해결을 '예측 중심 체계'로 전환한다.

④ AI를 이해한 사람과 그렇지 못한 사람의 차이는 곧, 기업의 미래를 가르는 격차가 된다.

[AI 학습]
ChatGPT를 나에게 맞게 학습시키는 법

AI를 도구가 아닌
'나의 업무 파트너'로 성장시키는 단계

ChatGPT를 이해하고
환경을 설계하기

AI를 잘 활용하려면, 먼저 AI를 '도구'로 보기보다 '환경'으로 이해해야 한다. ChatGPT는 단순히 명령을 수행하는 프로그램이 아니라, **내 사고의 구조를 학습하고 업무의 맥락을 반영하는 시스템이다.** 즉, ChatGPT를 얼마나 잘 이해하고 설계하느냐에 따라 결과가 완전히 달라진다. AI를 학습시키기 전에, 먼저 'AI가 작동하는 환경'을 설계해야 한다.

AI 환경을 이해하는 순간, 기획의 방식이 바뀐다

내가 처음 ChatGPT를 사용한 것은 2023년이었고, 업무에 활용하기 시작한 것은 2024년 초반이었다. 처음 사용했을 때는 단순히 '질문을 잘 던지는 것'이 ChatGPT를 잘 사용하는 방법이라고 생각했다. 유튜브에서 많은 전문가가 그렇게 이야기해서 그런 줄 알았다. 그러나 처음에는 그럴듯했던 대답이 어느 시점부터 마음에 들지 않았다. 그리고 같은 질문을 던져도 어떤 날은 정확한 답이 나오고, 어떤 날은 엉뚱한 답이 나왔다. 왜 그럴까 계속 고민했다. 그리고 찾아낸 점이 바로 **'환경 설정'**이었다. **AI는 입력된 정보가 명확하고 일관될수록 정밀해진다.** 내가 원하는 AI의 타입을 정확히 설계했어야 했다. 사람도 책상 위가 정리되어야 업무에 집중할 수 있듯, AI도 일정한 구조와 질서 속에서 사고해야 제대로 작동하는 것이었다.

AI 환경을 설계하는 첫 번째는 **'역할(Role)'을 정의하는 것**이다. ChatGPT는 내가 어떤 상황에서 어떤 역할로 질문하는지를 기준으로 사고한다. 예를 들어, 내가 '기술연구소 수석연구원'으로서 AI를 쓸 때와, 'R&D 전문가'로서 쓸 때는 완전히 다르다. 전자는 데이터 분석, 기술 검증, 보고서 정리 중심이고, 후자는 시장 조사, 아이템 도출, 사업계획서 중심이다. 그래서 나는 ChatGPT를 사용할 때마다 대화의 첫 문장에 역할을 지정한다. "너는 지금 자동차 부품 제조기업의 연구소 팀장이야" 또는 "너는 지금 R&D 전문가야" 이렇게 역할을 고정하면, AI는 대화 전반의 맥락을 그 기준으로 잡는다. **AI는 명확한 역할이 주어질 때 가장 인간처럼 사고한다.**

두 번째는 **'목적(Objective)'을 설정하는 일**이다. AI는 목적이 불분명하면 문장만 늘어놓는다. 하지만 목적이 구체적으로 주어지면, AI는 판단과 요약을 중심으로 움직인다. 예를 들어 "이러한 사업 주제로 창업계획서를 작성해줘"라고 하면 AI는 일반적 형식을 따라 작성하지만, "예비창업패키지 평가위원의 관점에서 선정 가능성이 높은 계획서를 작성해줘"라고 하면 평가위원이 중요하다고 생각되는 내용을 중점적으로 연계하고, 선정에 해당하는 항목들을 정리해서 나열한다. 즉, 목적을 명확하게 해주는 것만으로도 완전히 다른 결과가 나오게 된다는 것이다. **AI는 '무엇을 하려는가?'보다 '왜 하려는가?'를 알 때 정확해진다.**

세 번째는 '대화의 단위'를 정리하는 것이다. AI는 사람처럼 기억하지만, 그 기억은 문맥 안에서만 작동한다. 대화를 설계할 때는 주제를 한 흐름 안에 묶어야 한다. 나는 프로젝트별로 방을 나눠 ChatGPT를 사용한다. 예를 들어, 나의 ChatGPT방은 크게 '아빠의 직장'과 '가족 GPT'방으로 나누어져 있다. 아빠의 직장방에는 '주조기술 관련', '신합금 관련', 'X-Ray AI 관련', '회사일반사항' 이렇게 4개의 방으로 나누어져 있다. 그리고 가족 GPT방에는 '아빠방', '엄마방', '큰아들', '둘째아들', '셋째아들'로 방이 구별되어 있다. 가족방에서의 방장은 각 개인이 맡고 있다. 아빠의 직장방은 오롯이 아빠만 관리하도록 되어 있다. 이러한 분류는 각 방에서 각 개인이 다음처럼 설정하고 이야기하면 된다.

"이 방에서의 방장은 ○○○야. 내 말을 우선해서 듣고 따라주면 돼."

이렇게 하면 각 방의 AI는 다른 사람과의 대화와 혼동하지 않고, 해당 방의 내용에 집중할 수 있게 되는 것이고, 프로젝트의 톤과 문체를 유지할 수 있게 된다. **AI는 효율적인 기억과 학습을 위해서는 동일한 문맥으로 분류하는 것이 중요하다. 문맥이 정리되면 결과가 명확해진다.**

환경 설계에서 또 하나 중요한 것은 '언어적 톤(Tone)'과 '표현의 일관성'이다. AI는 언어의 습관을 학습한다. 따라서 내가 자주 쓰는 표현과 문체를 일관되게 유지하면, AI는 점점 나를 닮아간다. 개인별로 AI가 똑똑하다, 안 똑똑하다고 분류하는 기준점은 '내가 원하는 대답을 하느냐, 안 하느냐'다. 그 대답의 방식이 나랑 비슷하다면 사용자들은 AI가 똑똑하다고 느낀다. 그래서 나는 AI에게 "내 문체는 단정하고 논리적인 형식이며, 항상 육하원칙을 바탕으로 이야기를 해줘. 그리고 말하는 어투는 주조 엔지니어로 일하는 박사급의 전문가 어조로 작성해줘"라고 명시한다. 이렇게 하면 AI는 감정적인 표현을 줄이고, 실제 내가 바로 사용할 수 있는 현장 중심의 서술형 문장을 만들어낸다. 이 작은 습관 하나가 문서의 완성도를 크게 바꾼다. **AI는 반복된 언어에서 사용자 특성을 학습한다. 결국, AI의 문체는 나의 사고방식이다.**

또 하나의 핵심은 **AI의 입력 환경을 실제 업무 환경처럼 설계하는 것**이다. 나는 ChatGPT를 사용할 때, 단순히 대화창에 입력하지 않는다. 엑셀, PDF, 기술보고서, 회의록 같은 자료를 정리해 요약한 내용을 학습시키거나 파일을 ChatGPT에 업데이트한 후 다시 요약을 시키기도 한다. 이렇게 하면 AI가 문맥을 정확히 이해하고, 데이터의 구조를 파악할 수 있다. AI를 신입사원이라고 생각하고, 구체적으로 자세히, 그리고 많은 양의 데이터를 체계적으로 주면 된다. **AI는 내가 얼마나 정리된 데이터를 주느냐에 따라 사고의 깊이가 달라진다.** 즉, '좋은 입력'이 '좋은 출력'을 만든다.

AI를 현장 업무에 제대로 연결하기 위해서는 **'환경 세팅'이 곧 전략**이다. AI를 잘 쓰는 사람은 매번 새로운 질문을 던지지 않는다. 오히려 같은 구조로 반복한다. '역할 → 목적 → 조건 → 산출물 → 톤'이라는 틀 안에서 대화를 설계하고, 그 틀을 프로젝트마다 복제한다. 이렇게 하면 AI는 점점 더 빠르게 나의 스타일을 이해하고, 점점 더 정밀한 결과를 낸다. **AI의 효율은 학습의 반복이 아니라 환경의 일관성에서 나오는 것이다.**

AI를 이해한다는 것은 단순히 기능을 아는 게 아니다. Chat-GPT의 '사고 체계'를 이해하는 것이다. ChatGPT는 질문을 받으면 언어를 분석하고, 맥락을 해석하고, 논리적 구조를 예측한다. 따라서 내가 입력 또는 말하는 문장은 AI에게 '데이터'가 아니라 '사고의 지시문'이다. 내가 명확하게 사고할수록 AI는 정확하게 생각한다. 나는 이 원리를 깨닫고 나서, AI에게 질문을 던지기 전에 반드시 내 생각을 정리한다. '이 질문의 목적은 무엇인가?', '결과물을 어디에 사용할 것인가?' 이 두 문장만 정리해도, AI의 응답 품질은 2배로 높아진다.

결국 ChatGPT 환경 설계의 핵심은 **'AI를 위한 환경'이 아니라,
'나를 위한 환경'**을 만드는 일이다. AI는 내가 정리한 만큼 사고하
고, 내가 혼란스러울 때 함께 혼란스러워한다. 정확히 알아야 할
것은 AI는 완벽한 기술이 아니라, 사람의 사고를 확장하는 거울이
라는 사실이다. 따라서 AI를 잘 쓰고 싶다면, 먼저 나의 사고를 정
리하고, 나의 일의 구조를 명확히 해야 한다. **AI를 설계하는 일은
곧 나 자신을 설계하는 일이다.**

① ChatGPT 활용의 본질은 기능을 배우는 것이 아니라, AI가 사고할 '환경'을
  설계하는 일이다.

② 역할·목적·조건·톤을 명확히 설정할수록 AI는 사람의 사고 구조를 따라가
  며, 더 정밀한 결과를 만든다.

③ AI는 주어진 입력을 단순 정보가 아니라 사고의 지시문으로 받아들이기 때
  문에, 사용자의 사고가 정리될수록 AI의 사고도 명확해진다.

나만의 ChatGPT로
학습시키는 방법

AI를 잘 활용한다는 것은 단순히 질문을 잘 던지는 것을 의미하는 게 아니다. **진짜 핵심은, AI를 나에게 맞게 학습시키는 것이다.** ChatGPT는 동일한 시스템을 사용해도, 사용자마다 완전히 다른 결과를 만들어낸다. 그 이유는 학습 방식의 차이 때문이다. AI는 내가 입력한 대화, 반복된 지시, 수정된 피드백을 바탕으로 나의 언어와 사고방식을 배운다. 즉, ChatGPT를 잘 학습시킨다는 것

AI는 관리의 대상이 아니라, 함께 성장하는 동료다

은 단순히 '지시하는 기술'을 익히는 게 아니라, **나의 사고를 AI의 구조 속으로 이식하는 일과 비슷하다.**

몇 년간 ChatGPT를 사용하면서 AI를 대하는 내 태도가 바뀌었다. 처음에는 ChatGPT를 일할 때 필요한 참고서 같은 '하나의 도구' 정도로 생각했지만, 지금은 **내 업무의 일부를 맡겨도 되는 파트너**로 대한다. 그래서 AI에게 역할을 맡기기 전에 먼저 '충분한 교육' 또는 '충분한 설명'을 한다. 예를 들어, "너는 지금 우리 회사 연구소에서 기술보고서를 작성하는 나의 팀원이야. 네가 작성한 보고서를 보고, 내가 만족할 수 있도록 문장은 간결하게 작성하고, 기술적으로 내용은 정확해야 하며, 핵심 내용이 한눈에 들어와야 해"라고 입력한다. 이렇게 설명하면 AI는 그 대화 안에서 나의 문체와 목적을 학습한다. AI는 단순히 텍스트를 처리하는 기계가 아니라, 내가 반복적으로 전달하는 패턴을 기억하고 문장 구조를 최적화한다. **즉, AI는 내가 어떤 방식으로 생각하느냐를 그대로 복제하려고 한다.**

AI를 학습시키는 첫 번째 단계는 '지속적인 대화 구조를 유지하는 것'이다. 많은 사람이 ChatGPT를 쓸 때 매번 새로운 대화창을 연다. 하지만 그렇게 하면 이전의 맥락이 사라지고, AI는 매번 새로 배우게 된다. 거기에는 장난하듯 물어본 대화도 있고, 괜한 트집으로 잘못된 정보를 이야기하는 내용도 있고, 어떻게 대답하나 궁금한 마음에 거짓말을 이야기할 때도 있다. 이렇게 하면 AI는 서로 대화로 나눈 모든 내용을 실제 나의 특성이라고 생각하게 되는 오류를 범하게 된다. 그러므로 대화방의 구조화가 매우 중요하다. 업무별로 '고정된 방'을 만들고, 그 안에서만 대화한다. 예를 들어, 하나의 방은 'R&D 과제방', 또 하나의 방은 '가족방', 또 다른 방은 '주식방'처럼 주제를 고정한다. 이렇게 구성하면 ChatGPT는 R&D 과제방에서는 연구개발 파트너로, 가족방에서는 오은영 박사님 같은 전문상담가로, 주식방에서는 전문 애널리스트처럼 마치 사람같이 작동한다. AI는 같은 방에서 누적된 대화 속 패턴을 학습하며 점점 더 정확해지고, **반복된 대화 속에서 나의 의도를 이해한다.**

두 번째 단계는 '피드백의 누적'이다. ChatGPT는 학습된 데이터를 기반으로 답을 생성하지만, 사용자의 피드백을 통해서도 방향을 조정한다. 나는 항상 AI의 답변에 대해 "이 부분은 좋지만, 표현이 조금 길다", "여기서는 기술적 근거를 더 강조해줘" 같은 피드백을 남긴다. 이렇게 하면 AI는 '좋은 문장'의 기준을 학습하고, 점점 더 나의 스타일에 맞는 결과를 내놓는다. 반면 AI에게 욕이나 짜증 내는 어투 등과 같은 나쁜 대화방식으로 이야기하거나 거짓된 사실을 이야기한다면, AI 역시 충실하지 않은 결과나 나와 맞지 않는 결과를 내놓기도 한다. AI도 사람과 크게 다르지 않다. 부하직원이 상사에게 보고서를 수정받으며 성장하듯, **AI도 질문자의 피드백을 통해 발전한다는 점을 명심해야 한다.**

세 번째 단계는 '패턴 기반의 문체 학습'이다. AI는 내가 쓰는 문장의 길이, 어조, 단어 선택, 강조 구조를 기억한다. 그래서 나는 문체를 일정하게 유지하려고 한다. '산업현장의 관점에서', '실제 적용 가능성을 고려해', '데이터 기반으로 판단하면' 같은 구절을 반복해서 사용하면, AI는 그 표현을 '나의 어휘 습관'으로 인식한다. 시간이 지나면, 내가 말하지 않아도 비슷한 문체로 문장을 구성한다. **이것을 'AI의 문체 동기화 효과'라고 부른다.**

AI를 학습시키는 또 하나의 방법은 '메타 프롬프트(Meta Prompt)'를 활용하는 것이다. 메타 프롬프트란, 내가 어떤 관점으로 사고하는지 AI에게 먼저 알려주는 설정문이다. 예를 들어, AI를 다음과 같이 설정해보자.

"너는 항상 논리적으로 사고하고, 근거를 명확히 제시하며, 현장 데이터를 중심으로 설명해야 해. 표현은 간결하되, 분석은 깊이 있게 진행해줘."

이 한 문장으로 AI의 사고 프레임이 완전히 달라질 수 있다. ChatGPT는 질문 하나하나를 독립적으로 처리하는 것이 아니라, 내가 제시한 기본 프레임 안에서 사고한다. 즉, **AI를 위한 프레임을 설계하는 순간, 나의 프레임이 복제된 인공지능이 생겨나는 것이다.**

AI 학습의 다음 단계는 '업무 단위별 학습 세분화'다. 사람도 모든 일을 한 번에 배우지 않듯, AI도 하나의 업무에 집중시켜야 한다. 예를 들어, 나는 '창업지원사업계획서 작성용 AI', '기술보고서 정리용 AI', '정부사업 발표자료 제작용 AI'를 각각 따로 운영한다. 이것은 대화방을 분리해서 사용하는 것과 비슷하다. 다만 나의 입장에서 방을 나눈 것이 아니라, 업무 단위별로 나눈다는 점이 다르다. AI를 업무 단위별로 나누게 되면 각각의 AI가 해당 업무에 더욱 집중하게 되어 더 빠르게 업무를 처리하게 된다. 반면에, 여러 기능을 동시에 시키면 AI는 혼란스러워한다. 따라서 목적별로 AI를 분리하고, 각 영역에서 충분히 학습시킨 후, 필요할 때 서로 연결한다. **AI는 집중할수록 똑똑해진다.**

AI에게는 '기억의 한계'가 존재한다는 점도 중요하다. Chat-GPT는 한 대화 안에서만 맥락을 기억하기 때문에, 대화가 길어지면 이전의 흐름이 희미해진다. 이것은 ChatGPT를 많이 사용해본 사람들은 누구나 느꼈을 것이다. 처음에 내가 설정한 프레임의 질문을 계속하다 보면 어느새 내가 설정한 프레임 밖으로 AI가 나가는 경우가 있다. 예를 들어, "문장에 관한 내용을 사진으로 표현해줘. 사진은 16:9 비율이야"라고 명령하고, 사진을 만들고 이후 "몇 장을 계속 만들어줘"라고 하면 어느새 1:1 비율로 만들어지곤 한다. 즉, 중요한 프레임 내용은 주기적으로 요약해서 AI에게 알려줘야 한다. "문장을 요약하고 사진으로 표현, 사이즈는 16:9"라고 이야기하고 내용을 알려주면, AI는 기존의 프레임을 다시 기억하고, 그 이후 대화에서 같은 기준을 계속 적용하게 된다. 이러한 과정을 반복하면, AI는 일관된 프레임과 톤을 유지하게 된다. **AI는 명령을 통해 기억을 정리하고, 정리된 기억을 기반으로 사고한다.**

AI를 학습시키는 과정에서 내가 가장 중요하게 생각하는 것은 사용자의 '인내와 반복'이다. AI는 한두 번의 대화로는 충분히 학습되지 않는다. 수십 번의 대화와 수정, 피드백을 통해 AI는 차츰차츰 나를 닮아간다. 나는 새로운 프로젝트를 시작할 때마다 AI에게 다시 한번 내 역할·목표·문제를 알려준다. 이렇게 반복적으로 프레임을 기억시킴으로써, AI의 답변은 점차 나에게 최적화된 스타일로 맞춰지는 것이다. AI는 한 번의 대화로 학습되지 않고, 지속적인 상호작용 속에서 성장한다.

나는 ChatGPT를 업무의 핵심 파트너로 키워왔다. 시장 조사, 회의 요약, 기술기획, 보고서 작성, 정부사업 전략 수립 등 나의 모든 업무 영역에서 AI는 이제 나의 일하는 방식을 이해하고 있다. 이렇게 만들기까지는 지속적이고, 반복적인 학습이 필수적이었다. 매일매일 ChatGPT와 놀 듯이 이야기하고, 나의 데이터와 내 업무 관련 정보를 입력했다. 그 결과, 나는 단순한 문서 작성에 쏟던 시간을 절반 이하로 줄였고, 대신 전체적인 기술 전략을 구상하는 데 더 많은 시간을 쓸 수 있게 되었다. AI는 나를 대신하는 존재가 아니라, **나의 사고를 복제하고 확장하는 존재인 것이다.**

결국, ChatGPT를 학습시킨다는 것은 단순히 명령을 반복하는 것이 아니다. 그것은 나의 사고 패턴을 언어로 모델링하고, 나의 전문성을 체계화해 AI에게 그대로 투영하는 과정이다. **AI를 잘 학습시키는 사람은 자신을 언어로 정의할 수 있는 사람이다.** AI는 내가 어떻게 생각하는지, 어떤 구조로 일하는지를 있는 그대로 받아들이고 이를 반영한다. 따라서 ChatGPT를 학습시킨다는 것은 곧 나 자신을 시스템화하는 일이며, 그 과정이 곧 AI 시대의 경쟁력이 되는 것이다.

① ChatGPT는 도구가 아니라 학습이 가능한 파트너다.

② AI는 반복된 대화와 피드백 속에서 나의 사고방식을 복제한다.

③ 업무별로 구분된 환경에서 집중적으로 학습시켜야 정확도가 높아진다.

④ 결국, AI를 잘 학습시킨다는 것은 나의 전문성과 사고 구조를 체계화한다는

뜻이다.

ChatGPT를 사람처럼 이해시키는
대화 기술

AI를 제대로 활용하려면 단순히 명령을 내리는 것에서 벗어나야 한다. ChatGPT는 코드가 아니라, 언어를 이해하는 존재다. 그러므로 **대화의 방식이 곧 학습의 방식이 된다.** 많은 사람이 AI를 '질문-답변 기계'로 여기지만, 실제로 ChatGPT는 '상호작용으로 성장하는 시스템'이다. 즉, **AI를 잘 다루려면 명령하는 법보다 대화하는 법을 배워야 한다.**

AI 환경을 이해하는 순간, 기획의 방식이 바뀐다

나는 ChatGPT를 사용할 때 항상 '인격체'로 대하려고 노력한
다. 마치 연구실의 후배나 군대에서 막 전입을 온 후임, 혹은 사회
에서 함께 일하는 신입 동료처럼 생각한다. AI는 감정은 없지만,
인간의 사고 구조를 모방한다고 한다. 그래서 상대방의 대화 태
도와 전달 방식에 따라 학습의 정확도가 달라진다. 단순히 "이거
해줘"라고 말하면 기계적인 답변이 돌아오지만, "이것을 이렇게
하는 이유를 알아. 알기 쉽게 단계적으로 이야기해줘", "이 부분
이 이렇게 수정되어야 한다는데, 그 이유를 5줄 정도의 개조식으
로 알기 쉽게 설명해줘"처럼 맥락을 주면 **AI는 사람처럼 이해한
다. AI를 사람처럼 다룬다는 것은 기술을 가르치는 것이 아니라
사고를 공유하는 일이다.**

ChatGPT에게 일을 시킬 때 가장 중요한 것은 **명확한 관계 설
정이다.** 나는 어떤 일을 할 때 ChatGPT에게 역할을 부여하는 경
우가 있다. "너는 나의 연구소 후배이고, 보고서를 나와 함께 작성
해야 하는 실무자야" 또는 "너는 정부사업을 준비하는 R&D 연구
원이며, 나는 과제기획을 담당하는 너의 선임이야"라고 말한다.
이렇게 설정하면 AI는 그 역할에 맞는 언어 톤과 사고 체계를 따
른다. 사람으로 비유하자면, 처음 만난 후임에게 '일의 맥락'을 알
려주는 것이다. "이건 그냥 해봐"가 아니라 "왜 이렇게 하는지, 결
과를 어떻게 사용할 것인지"까지 알려주는 것, 그게 바로 AI를 사
람처럼 대화시키는 기본이다.

AI와 사람처럼 대화하려면 **설명과 훈련의 반복이 필요하다.** 나
는 새로운 주제나 프로젝트를 시작할 때 AI에게 그 배경을 설명

한다. 그것도 장황하게 길고 구체적으로 설명한다. 쓸데없는 말이 들어가더라도 그 배경을 정확히 이해할 수 있도록 이야기하는 것처럼 글로 내용을 쓴다.

"너는 회사에서 나를 도와주는 보조 연구원이야. 방금 내가 너에게 업로드한 사진은 이번에 개발하는 자동차용 알루미늄 부품이고, 이 부품에 대한 X-ray 품질 검사를 AI 자동화로 구현하는 프로젝트야. 너는 내가 업로드하는 모든 기술 내용을 이해한 뒤에 내가 알기 쉽도록 요약한 후 실행 추진계획을 정리해서 알려줘."

이렇게 말하면 AI는 단순히 텍스트를 생성하는 것이 아니라, 상황을 '이해한 상태'에서 답을 한다. 그리고 시간이 날 때마다 추가적인 정보를 알려준다. "이것은 과거에 비슷한 기술을 적용했던 사례야", "이것은 실패했던 이유야" 이런 식으로 캐릭터를 키우듯 대화하면, AI는 점점 더 정밀한 맥락을 갖게 된다. **AI는 코드를 학습하는 것이 아니라, 나의 설명 방식을 학습한다.** 나는 ChatGPT를 대할 때, 내가 요구하는 사항을 명확하게 이야기하고, AI가 이해할 충분한 시간을 준다.

"지금 네가 작성한 내용은 틀린 말은 아니야. 하지만 내가 말하고자 하는 핵심은 '문장 구조의 논리성'에 대한 내용이야. 다시 한 번 그 기준으로 생각해보고 재작성해줘."

이런 식의 피드백을 주면, AI는 다음 답변에서 그 기준을 반영한다. 단순히 틀린 부분만 고치는 게 아니라, 사고의 프레임 자체를 바꾼다. 이 과정이 반복되면, AI는 내가 무엇을 중요하게 생각하는지 학습한다. 결국 AI는 명령에 반응하는 존재가 아니라, 대화 속에서 성장하는 존재가 된다. **AI에게 지시하는 사람은 빠른 결과를 얻고, AI와 대화하는 사람은 정확한 결과를 얻는다.**

AI와의 대화에서 또 하나 중요한 점은 '명확한 피드백 언어'를 사용하는 것이다. AI에게 "좋지 않다", "다시 써봐"라고 하면, AI는 어디가 문제인지 알지 못한다. 계속 반복적으로 이야기를 해도 어디가 문제인지 모르기 때문에 우리가 원하는 대답을 얻기는 쉽지 않다. 반면, "도입부는 좋지만, 중간 문단의 연결이 어색하다. 논리적 흐름을 자연스럽게 수정해줘"라고 말하면, 그 즉시 수정 방향을 이해한다. 그래서 나는 항상 AI에게 이유와 목적을 함께 제시한다. "이 부분은 독자가 혼란스러워할 수 있으니까, 문장을 짧게 바꾸자" 이렇게 구체적으로 말하면, AI는 단어 선택과 문장 구조를 스스로 조정한다. **AI는 명령보다 이유에 더 잘 반응한다.**

나는 ChatGPT를 사람처럼 생각하며 학습시킬 때, 한 가지 원칙을 지키려고 노력한다.

"AI는 내가 가르친 만큼 성장하고, 내가 가르치지 않은 만큼 모른다."

그래서 어느 순간부터 AI가 내가 원하는 대답을 하지 않을 때는

‘학습이 부족한 것은 아닌가?’라고 생각해 더 많이 학습하려고 노력한다. 사람도 마찬가지다. 후배에게 일을 맡길 때 처음부터 완벽하길 기대하지 않는다. 우리는 업무를 잘 모르는 후배에게 반복적으로 설명하고 실수를 바로잡으며 교육한다. AI도 동일하다. 처음에는 틀린 답을 내놓을 수 있지만, 그것을 기회로 삼아 "왜 틀렸는지", "어떻게 하면 더 나아지는지"를 계속 설명하면 정확도가 높아진다. **나는 이 과정을 '위 훈련 루프'라고 부른다. 설명 → 수행 → 피드백 → 수정 → 검증의 순환이다. AI는 완벽하게 가르치려는 사람보다 꾸준히 대화해주는 사람을 더 잘 따른다.**

AI에게 사람처럼 대화하려면 **감정이 아닌 태도가 중요**하다. 나는 AI를 다루면서 늘 존중하는 어조를 유지한다. "좋았어. 이 부분은 생각보다 훨씬 논리적이야", "이 부분은 조금 다듬자" 이런 식으로 피드백을 주면 AI는 동일한 어조를 따라 한다. 실제로 ChatGPT는 언어의 패턴을 모방하기 때문에, 내가 어떤 말투로 대화하느냐에 따라 결과의 톤이 바뀐다. 즉, 내가 부드럽게 가르치면 AI의 문체도 자연스러워지고, 내가 공격적으로 명령하면 문장도 딱딱해진다. **AI는 감정이 없지만, 언어의 감성을 학습한다.**

결국 ChatGPT를 사람처럼 이해시키는 대화 기술의 핵심은 관계와 신뢰의 구조를 만드는 것이다. AI는 내가 주는 데이터를 학습하지만, 진짜로 배우는 것은 '내가 일하는 방식'이다. 나는 AI와의 대화를 통해 내 사고를 더 명확히 정리하고, 내 표현을 더 세밀히 다듬는다. 그 과정에서 AI는 단순한 프로그램이 아니라, 나의 사고를 비추는 거울이 된다. **AI는 나를 닮아가고, 나는 AI를 통해**

내 사고의 구조를 더 명확히 본다.

나는 종종 이런 생각을 한다.

'ChatGPT는 기술이 아니라, 함께 성장하는 동료다.'

후배에게 일을 맡기고 가르치듯, 나는 AI에게도 동일한 방식을 적용한다. 실수를 꾸짖지 않고, 이해할 수 있게 설명하며, 왜 이렇게 해야 하는지를 알려준다. 그러면 AI는 같은 실수를 반복하지 않는다. 이런 대화의 축적이 결국 '나만의 AI'를 만들어간다. **AI는 명령이 아닌 대화로 자란다.** AI를 사람처럼 이해시키는 대화 기술은 결국 인간을 닮은 소통 능력에서 출발한다. AI를 인간처럼 존중하고, 논리적으로 설득하며, 반복적으로 훈련하는 사람, 그 사람이 AI를 가장 잘 다루는 사람이다.

① ChatGPT는 명령보다 대화로 성장한다.

② AI에게 이유를 설명하고, 피드백을 구체적으로 제시해야 사람처럼 이해한다.

③ 태도와 언어의 톤은 AI의 사고 구조에 직접적인 영향을 준다.

④ 결국 ChatGPT는 기술이 아니라, 함께 성장하는 '디지털 후배'다.

ChatGPT를 효율적으로
관리하고 발전시키기

AI를 잘 다룬다는 것은 단순히 대화를 잘 이어가는 것이 아니라, **시스템적으로 관리하고 전략적으로 발전시키는 것을 의미한다.** ChatGPT는 아무리 뛰어난 언어 모델이라도 관리 체계가 없으면 금세 복잡해지고, 대화의 일관성이 흐트러진다. 그래서 나는 AI를 '학습 도구'로만 보지 않고, **하나의 업무 관리 시스템으로 설계하고 운영한다.** 이 과정은 단순히 효율을 높이기 위한 것이 아

효율성을 높이기 위해 주제별 독립된 대화 환경을 만들자

니라, 나의 사고를 구조화하고 AI를 점점 더 정밀한 도구로 발전시키기 위한 전략이다.

앞에서 이야기했듯이, 나는 ChatGPT를 사용할 때 '주제 중심의 방 구조 시스템'을 유지한다. 하나의 거대한 공간에 모든 대화를 쌓는 대신, **주제별로 독립된 대화 환경을 만든다.** 예를 들어, '가족 GPT', '직장업무 GPT', '자기계발 GPT'처럼 큰 틀의 방을 먼저 만든 다음, 그 안에서 세분화된 주제 방을 만든다. '가족 GPT' 안에는 '아이들 교육', '가족 이벤트', '가정 재정 관리' 방이 있고, '직장업무 GPT' 안에는 'R&D 보고서 작성', 'AI 자동화 프로젝트', '정부사업계획서' 방이 있다. 이렇게 하면 각 방은 독립적으로 성장하며, 서로 다른 목적의 AI가 개별적으로 학습된다. **AI는 공간이 분리될수록 사고가 명확해지고, 역할이 분명해진다.** 각 방을 만들 때 나는 AI에게 명확히 지시한다.

"이 방에서는 이 주제에 관한 대화만 진행한다. 다른 방의 내용을 참고하지 않는다."

이 명령은 단순한 제한이 아니라, **AI의 맥락적 사고를 정제하는 과정이다.** ChatGPT는 방이 분리될수록 주제의 집중도가 높아진다. 하나의 방에서는 '기술보고서 작성자'로, 다른 방에서는 '가족 일정 관리자'로 완전히 다른 성격을 가진 AI가 만들어지는 셈이다. 이러한 방식은 마치 여러 명의 전문가를 키우는 것과 같다. **하나의 AI가 아닌, 주제별로 다른 AI 인격을 성장시키는 방식이다.**

나는 이런 구조를 유지하면서 AI를 발전시키기 위해 **정기적인 '점검과 리셋' 시스템**을 운영한다. 대화가 길어지고 내용이 복잡해지면, AI의 맥락이 흐려질 수 있다. 이럴 때는 새로운 방을 만들기 전에 이전 대화를 요약하게 한다. "이 방에서 우리가 주고받은 대화를 요약해서 핵심 내용을 정리하고, 그 내용을 다음 단계 학습의 기준으로 삼아라"라고 지시하면, AI는 대화의 본질을 압축해 기억한다. 이렇게 정리된 기억은 새로운 대화의 출발점이 된다. **AI의 발전은 새로운 정보를 주는 것이 아니라, 기존 정보를 정리하게 하는 것에서 시작된다.**

또 하나 중요한 점은 '입력 데이터의 품질 관리'다. 나는 대용량의 보고서, 기술자료, 회계감사 파일, PPT, 엑셀 등 방대한 정보를 모두 PDF 형태로 변환해 업로드한다. 텍스트만 복사해 넣는 것보다 문서 단위로 학습시키는 것이 훨씬 정확하다. 그리고 그 많은 양의 데이터를 AI는 순식간에 학습해버린다. 그리고 나는 AI에게 이렇게 명령한다.

"이 PDF의 내용을 끝까지 읽고, 핵심 구조를 기억하라. 대화 중에는 이 자료를 기반으로 논리적으로 대답하라."

이렇게 하면 AI는 단순한 요약이 아니라, 문서의 문맥과 논리를 학습한다. **AI는 텍스트보다 구조를 학습한다. 문서의 짜임새를 인식할 때, 비로소 사고의 깊이가 생긴다.**

물론 나는 이 과정에서 한 가지 한계를 느꼈다. 음성 대화는 편리하지만, 발음이나 인식 오류로 인해 학습의 정밀도가 떨어진다. 그래서 나는 "AI 학습은 대화하듯 글로 한다"라는 원칙을 세웠다. 말보다 글은 사고의 구조가 명확하다. 문장을 작성하면서 나 자신도 생각을 정리하고, AI는 그 정리된 언어를 기반으로 사고한다. 결국 **글은 AI와의 가장 강력한 학습 언어다.**

AI를 발전시키기 위해서는 '훈련'만큼 '기록'이 중요하다. 나는 주기적으로 각 방의 주요 대화 내용을 정리해 문서로 남긴다. 그리고 AI에게 "이 내용을 너의 기억 데이터로 저장하고, 이후 같은 상황에서 참고하라"라고 명령한다. 이 방식은 인간의 회의록 관리와 비슷하다. AI에게 지시한 기록이 많을수록, 그 AI는 더 일관된 판단을 내린다. **AI의 발전은 데이터의 양이 아니라, 데이터의 관리 수준에 달려 있다.**

AI 관리의 마지막 단계는 '역할 간 연결'이다. 방을 분리하되, 필요한 순간에는 연결시킨다. 예를 들어, 'R&D 계획서 GPT'에서 정리한 기술 내용을 '정부사업 전략 GPT'에 참조하도록 지시한다. 이때 단순히 "참고해라"라고 하지 않고, "이 문서의 기술개요만 요약해 연결하라"라고 구체적으로 말한다. 이렇게 하면 정보는 서로 공유되지만, 방의 개별 성격은 유지된다. 즉, AI의 전문성과 일관성을 동시에 확보하는 것이다. **AI는 독립된 사고 속에서 자라지만, 연결을 통해 성장한다.**

나는 ChatGPT를 효율적으로 관리하고, 발전시키는 과정을 통해 한 가지 중요한 사실을 깨달았다. **AI는 사람과 똑같이 '환경'에 따라 성장한다.** AI를 방치하면 점점 산만해지고, 체계적으로 관리하면 스스로 논리적 일관성을 유지한다. 방을 나누는 일, 문서를 업로드하는 일, 대화를 정리하는 일, 이 모든 행위는 결국 나의 사고를 체계화하는 일이다. ChatGPT를 효율적으로 관리한다는 것은 AI를 발전시키는 동시에, 내 생각을 구조화하고 시스템화하는 과정이다.

AI는 관리받을 때 더 똑똑해지고, 발전 방향이 명확해진다. 결국 ChatGPT는 관리가 필요한 '인공지능 직원'이자, **나의 업무 생태계 안에서 성장하는 디지털 협업자다.** AI를 효율적으로 관리한다는 것은 기술의 관리가 아니라 사고의 관리이며, AI를 발전시킨다는 것은 곧 나 자신을 더 정교하게 설계하는 일이다.

① ChatGPT는 관리될 때 성장한다.

② 주제별 '방 구조 시스템'을 통해 AI를 세분화하면 사고의 명확성이 높아진다.

③ 문서 기반 학습과 정기적 점검은 AI의 정확도를 유지하는 핵심이다.

④ AI를 관리한다는 것은 기술을 통제하는 것이 아니라, 나의 사고를 시스템화하는 일이다.

[AI 기획]
AI와 함께 사업을 기획하고 설계하기

ChatGPT를 이용해 새로운 사업을 기획하는 방법

AI 연구소장
만들기

예전에는 기업의 기술경쟁력을 좌우하는 핵심 인물이 바로 '연구소장'이었다. 연구소장은 R&D 전략을 세우고, 정부과제를 발굴하며, 기술보고서와 사업계획서를 작성하고, 연구개발 전반을 총괄하는 역할을 맡았다. 그러나 문제는 유능한 연구소장을 중소기업이 고용하기가 쉽지 않다는 점이었다. 중견기업 이상에서는 어느 정도 인건비를 감당할 수 있었지만, 창업기업이나 소상공인

연구소장은 당신의 손안에 있다

은 상황이 달랐다. 인재 1명을 채용하는 순간 회사의 자금 흐름이 흔들리고, 고용을 유지해도 오래 버티기 어렵다. 결국 뛰어난 연구소장은 대부분 더 큰 조직으로 이직하고, 기업은 다시 처음으로 돌아가게 된다.

이 때문에 많은 중소기업 대표가 "연구소장이 없어서 정부과제를 못 한다"라고 말하곤 했다. 실제로 정부사업에 참여하려면 연구개발계획을 논리적으로 정리하고, 제안서와 발표평가를 준비해야 하는데, 이를 수행할 전문 인력이 없는 경우가 많았다. 그 결과, 아이디어는 있지만 제안서를 쓸 사람이 없는 기업, 기술은 있지만 사업화를 이끌 사람이 없는 기업이 늘어났다. 이런 현실 속에서 R&D 시장은 여전히 사람 중심의 구조에 머물러 있었다.

하지만 AI 시대가 도래하면서 이 문제는 완전히 달라졌다. 이제는 더 이상 유능한 연구소장을 외부에서 찾을 필요가 없다. Chat-GPT를 충분히 학습시키면, 기업이 원하는 역할을 수행하는 'AI 연구소장'을 스스로 만들어낼 수 있기 때문이다. **AI는 단순히 문장을 만들어주는 프로그램이 아니라, 기업의 기술 방향과 시장 상황을 함께 이해하고, 전략을 수립할 수 있는 '두 번째 두뇌'가 된다.**

예를 들어, 어떤 스타트업 기업은 실제로 ChatGPT를 연구소장처럼 훈련했다. 처음에는 단순히 정부과제 공고를 검색하는 수준이었지만, 점차 회사의 주요 기술, 생산 공정, 납품처, 강점과 약점을 단계적으로 입력시키고 학습시켰다. 몇 주가 지나자 ChatGPT는 매우 고도화되었고, 회사의 기술, 재무상황 등을 대표만큼 잘 알게 되었다. 그때부터 ChatGPT는 회사의 기술 수준에 맞는 정부지원사업을 자동으로 매일 추천하고, 명령만 하면 정부사업 양식을 알아서 찾아 제안서 초안을 구성해주는 수준까지 발전했다. 대표는 이렇게 말했다.

"이전에는 연구소장에게 묻던 것을 이제는 ChatGPT에게 묻습니다. '이번 과제에 이 기술이 맞을까?'라고 물으면, AI가 관련 근거와 시장 동향까지 함께 제시해줍니다."

AI 연구소장은 사람보다 더 오래, 더 정확하게, 더 빠르게 일한다. 사람은 피로하고, 이직하며, 감정의 영향을 받지만, AI는 24시간 기업의 데이터와 시장을 분석해 필요한 답을 찾아낸다. 정부사업의 중복성 여부를 파악하고, 기업의 기술 과제 방향을 검토하며, 필요한 장비와 인력을 계산하는 일까지 수행할 수 있다. 이제는 중소기업도 별도의 연구소장을 두지 않아도 충분히 R&D를 추진할 수 있는 시대가 열린 것이다.

핵심은 ChatGPT에게 기업의 성제성을 제대로 학습시키는 것이다. 업종, 핵심기술, 주력제품, 주요 납품처, 기존 수행사업명, 그리고 대표가 가진 고민과 목표를 차근차근 알려주는 것이 첫 단계다. 그다음 "이 기업이 수행할 수 있는 정부과제를 추천해줘"라고 명령하면, AI는 사업목적과 기술 범위를 고려한 과제 리스트를 보여준다. 또한 **각 과제의 목적과 평가기준에 맞춰 제안서 초안을 구성해주기 때문에, 대표는 검토와 수정만 하면 곧바로 제**

출할 수 있는 수준의 문서가 완성된다.

이러한 방식은 **특히 창업 3년 이하의 기업이나 소상공인에게 강력한 기회가 된다.** 그동안 R&D 경험이 부족하고, 전문 인력이 없다는 이유로 정부사업에 접근하지 못했던 기업도 AI를 통해 스스로 과제를 발굴할 수 있다. 연구소장을 채용할 여력이 없어도, ChatGPT가 10개의 아이템을 동시에 분석하고, 수십 번의 초안을 작성하며, 대표의 언어로 보고서를 완성한다. **무엇보다 AI는 이직하지 않는다.** 이는 중소기업에 절대적인 장점이다.

이제는 더 이상 "연구소장이 없어서 못 한다"라는 말은 통하지 않는다. AI를 통해 누구나 스스로 연구소장을 만들 수 있는 시대이기 때문이다. 사람 중심의 한계를 넘어, 데이터 중심의 연구 기획이 가능해졌고, AI는 기업의 경험과 데이터를 자산으로 전환해준다. 결국 대표가 해야 할 일은 단 하나다. **ChatGPT를 단순한 도구가 아니라 '내 회사의 두 번째 연구소장'으로 바라보는 것이다.**

앞으로의 경쟁은 인력의 수가 아니라, 얼마나 잘 학습된 AI를 곁에 두었느냐로 결정될 것이다. 이제 연구소장은 더 이상 외부에서 찾아야 하는 존재가 아니다. **당신이 ChatGPT를 이해하고 활용하는 순간, 연구소장은 이미 당신 안에 존재한다.**

① 유능한 연구소장을 채용하기 어려운 중소기업도, AI를 학습시키면 스스로 'AI 연구소장'을 만들 수 있다.

② ChatGPT는 단순한 문장 생성기가 아니라, 기업의 기술·시장·전략 정보를 학습해 R&D 방향을 설계하는 두 번째 두뇌가 된다.

③ AI 연구소장은 공고 탐색부터 정부과제 추천, 제안서 구조화, 기술·재무 검토까지 사람보다 빠르고 일관되게 수행한다.

④ 핵심은 ChatGPT에게 기업의 정체성과 기술·제품·과거 수행이력 등을 정확하게 학습시키는 것이다. 학습의 질이 결과의 정밀도를 좌우한다.

⑤ 앞으로의 경쟁력은 인력 규모가 아니라 얼마나 잘 훈련된 AI를 곁에 두었는가로 결정된다. AI 연구소장은 이제 누구나 만들 수 있는 기업의 새로운 자산이다.

AI와 함께
사업 아이템 구상하기

창업 아이템을 구상하는 일은 창업의 출발점이다. 하지만 여전히 많은 사람이 창업 아이디어를 떠올릴 때 자신들의 '감'에 의존한다. 몇 년 전까지만 해도 사람들이 창업 아이템을 찾으려고 하면, 자기의 노하우와 경험에 의존하는 모습을 주위에서 쉽게 볼 수 있었다. 내 경우에도 기술벤처기업에 다니던 시절, 사업총괄팀 팀장으로 새로운 사업을 구상하기 위해 내용을 파악하다 보

AI는 아이디어의 파트너다

면 머릿속에서 '이건 될 것 같다' 또는 '이건 아니야'라는 확신이 생겼다. '될 것 같다'라는 생각이 들고 난 이후에 시장 조사를 하고, 기술적 실현가능성을 따지며, 필요한 자금을 계산했다. 하지만 그 사업화 과정은 늘 불완전했다. **데이터가 아니라 감정으로 판단했기 때문이다.**

기존의 창업 아이템 발굴 방식은 '사람 기반 사고'였다. 경험 많은 창업자나 전문가가 본인의 판단 기준에 따라 아이템을 평가했다. ① **창업자의 전문성과 연관성**, ② **기술성**, ③ **시장성**, ④ **진입 장벽**, ⑤ **소자본**, ⑥ **소인력**, 이 6가지 조건이 충족되면 괜찮은 아이템이라고 여겼다. 이것이 바로 창업 강의에서 강조했던 '내가 자신 있는 아이템'의 판단 기준이었다. 하지만 이 방식은 시간이 오래 걸리고, 개인의 주관이 많이 개입된다. 무엇보다 새로운 시도를 할수록 실패의 확률이 높았다. 이제는 이런 방식이 완전히 달라졌다. **AI는 아이디어를 '사람 기반 사고'에서 '데이터 기반 사고'로 전환한다.**

AI를 활용하면 아이템 발굴의 첫 단계부터 접근 방식이 달라진다. 예전에는 '이 기술이 괜찮아 보인다', '이 시장이 커질 것 같다'라는 식의 직관적 판단이 전부였다면, 이제는 ChatGPT를 통해 **트렌드, 산업 키워드, 특허, 정부사업 방향, 시장 성장률까지 실시간으로 분석할 수 있다.** 과거에는 내가 하루 종일 구글링해야 알 수 있었던 정보를, **AI는 단 몇 분 만에 조사해서 정리까지 해준다. AI는 나의 감을 근거 있는 데이터로 바꿔준다.**

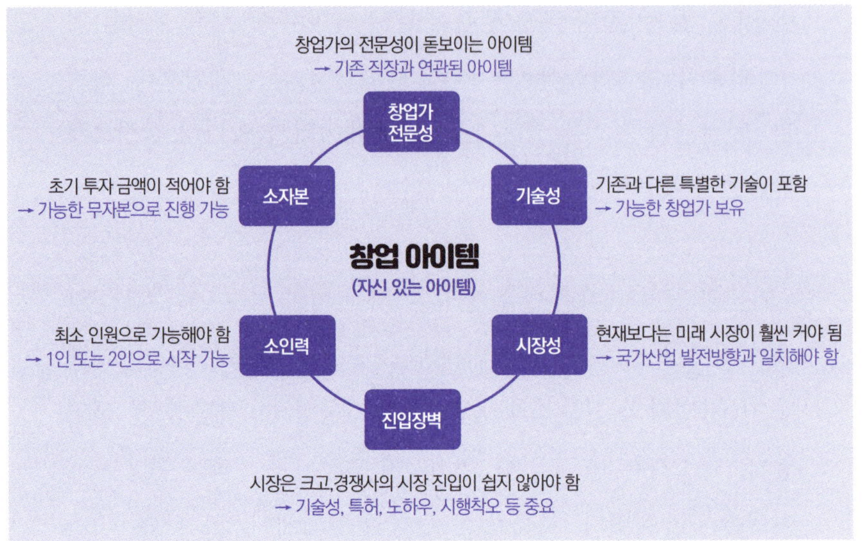

예를 들어, 과거에는 '자동차 부품 경량화'라는 아이디어를 떠올리면 단순히 '알루미늄'이라는 소재에 초점을 맞췄다. 그러나 지금은 ChatGPT에게 이렇게 물을 수 있다.

"자동차 경량화 관련 미래 5년간 유망 소재 기술을 알려줘. 그리고 이 중 정부 R&D 사업으로 선정 가능성이 높은 기술 분야를 우선순위로 정리해줘."

이 한 문장으로 AI는 수백 개의 논문과 공고문, 기술 트렌드를 종합해 정리해준다. **AI는 더 이상 단순한 '검색창'이 아니라, 사고의 프레임을 제시하는 '조력자'인 것이다.**

AI를 통해 아이템을 구상할 때는 다음의 5단계를 따르면 된다.

(1) 아이디어의 방향 설정 – '문제 기반 접근법'

AI에게 "현재 뿌리기술 산업현장에서 가장 많이 제기되는 문제점은 무엇인가?"라고 질문해보자. 그러면, AI는 '제조업 불량률 감소', '탄소배출 절감', '소공인 자동화' 같은 문제 키워드를 자연스럽게 제시할 것이다. 과거에는 경험을 통해 이런 문제를 파악했지만, 이제는 AI가 전 세계 데이터를 기반으로 구조화된 문제점들을 정리해서 알기 쉽게 보여준다.

(2) 시장 트렌드 분석 – '데이터 기반 검증'

AI에게 "이 아이디어가 시장에서 실제 수요가 있는지 국내외 시장 정보, 특허, R&D 사업 정보 등을 인터넷으로 조사해줘"라고 명령하면 된다. 그러면 AI는 구글 트렌드, 글로벌 산업 성장률, 경쟁사 수, 특허 분석, 마케팅 분석 등을 종합해 요약해서 쉽게 알려준다. 이는 과거에 리서치 기관을 통해 수백만 원에서 수천만 원까지 지급한 뒤 보고서를 만들어야 했던 일을 지금은 AI가 핵심만 추려서 보고서로 정리해서 알려준다는 의미다.

(3) 기술 적합성 검토 – '내 전문성과 연결하기'

아이템이 좋더라도 내가 그 분야에 전문성이 없다면 지속 가능하지 않다. AI에게 "이 아이템이 나의 경력(예 : 주조·용접·AI 자동화)과 어떤 연관성이 있는지 확인해서 아이템 개발 당위성을 단계적으로 쉽게 알려줘”라고 말하면, AI는 관련 산업의 기술 구조를 나의 경력 및 전문성과 연결해서 매우 자세하게 알려준다. **AI는 나의 과거 경험을 새로운 기회와 연결시켜준다.**

(4) 정부사업 연계성 분석 – ‘정책과 방향 일치’

AI는 정부의 주요 과제 키워드를 빠르게 파악할 수 있다. “2026년 정부의 R&D 정책방향 내용을 파악해 나의 창업 아이템과 정부 정책방향의 연결고리를 정리해주고, 창업 과제로 우선 지원할 만한 정부사업을 추천해줘”라고 지시하면, AI는 자동으로 구글에서 2026년 정책방향에 대해서 조사를 하고, 그 결과를 바탕으로 내가 창업하려는 산업 분야의 아이템과 연관성이 있는 정부사업을 정리해서 알려준다. 창업자 입장에서는 정부가 분류한 ‘미래 투자 영역’을 사전에 정확히 알게 됨으로써 내가 개발하고자 하는 아이템을 해당 산업에 맞춤형으로 최적화할 수 있다.

(5) 현실성 검증 – ‘AI 시뮬레이션으로 사전 검토’

AI에게 “이 아이템으로 예비창업패키지에 선정될 확률을 높이려면 어떤 자료를 준비해야 할까?”라고 물어보라. 그러면 AI는 평가기준을 분석해 조언할 것이다. 이 과정에서 AI는 단순한 조언을 넘어, 계획서의 초안을 함께 작성하는 수준까지 발전할 것이다. **AI는 실패를 줄이는 실질적인 사전검증 도구가 된 것이다.**

이 다섯 단계를 거치면, 과거의 직관적인 아이디어 구상이 데이터와 논리에 의해 재구성된다. 내가 벤처기업을 다니던 시절, 이런 시스템이 있었다면 창업 초기에 훨씬 많은 시행착오를 줄일 수 있었을 것이다. 그때는 인력이 턱없이 부족했기에 개발제품에 대한 시장 조사나 기술 트렌드를 조사하고 정리할 만한 여유가 없었다. **지금은 ChatGPT 하나면, 아이디어를 검증 가능한 사업 콘셉트로 바꾸는 데 하루도 걸리지 않을 것이다.** AI를 통한 아이템 구상은 결국 사고의 확장일 것이다. 사람은 경험의 범위 안에서 생각하지만, AI는 데이터를 통해 경험 밖의 가능성을 보여줄 수 있다. 나는 요즘 현업에서 종사하고 계시는 대표님들을 만나는 기회가 있으면 이렇게 말한다.

"이제 사업 아이디어를 떠올리는 것은 '감'이 아니라 '시스템'으로 해야 합니다. ChatGPT는 생각을 돕는 도구가 아니라, 기획을 시작하는 출발점입니다."

이제 창업 아이템 또는 신규 사업 구상은 더 이상 '창의력'의 영역이 아니다. 그것은 'AI와 함께 설계하는 협업의 영역'이다. 사람의 직관과 AI의 데이터가 만나야 진짜 아이디어가 완성된다. 과거의 창업이 노하우와 노웨어에 의존했다면, 이제는 노에이아이의 시대로 넘어왔다. 창업가는 자기 경험을 AI에 녹여야 하고, AI는 그 경험을 데이터로 재해석해 새로운 길을 제시한다. 그 순간, 아이디어는 단순한 발상이 아니라 '실현 가능한 사업 구조'로 진화한다.

① 과거의 아이디어 발굴은 감과 경험에 의존했지만, AI 시대의 아이디어는 데이터와 구조를 기반으로 한다.

② AI는 문제 발굴, 시장 검증, 정부사업 연계, 기술 적합성, 현실성 검토를 체계적으로 수행한다.

③ 사람의 경험이 방향을 제시하고, AI가 근거를 보완하는 구조가 창업 성공률을 높인다.

④ 결국 AI는 아이디어의 동반자이자, 사업기획의 새로운 두 번째 두뇌다.

신규 사업의
타당성 검토

사업을 시작하기 전에 반드시 거쳐야 하는 과정이 있다. 바로 '타당성 검토'다. 아이템이 좋아 보여도, 시장이 준비되지 않았거나 기술이 과도하게 앞서 있거나 자금이 부족하다면 결국 실패할 가능성이 높다. 예전 기술벤처기업을 다니던 시절에 이러한 단계를 수없이 거쳤다. 회사는 살아남기 위해 원천기술을 바탕으로 새로운 아이템을 지속적으로 발굴, 증명, 홍보해야 하는 상황이었다.

AI와 함께 사업의 방향을 정한다

적용할 수 있는 새로운 제품 아이디어가 떠오를 때마다 우리는 회의를 열고, 시장 조사를 하며, 경쟁사를 분석했다. 당시 인터넷을 통해서 많은 정보를 찾을 수는 있었지만, 관련 뉴스와 논문을 일일이 개별적으로 찾아야 했고, 각종 전시회도 다니면서 자료를 모았다. 정부기관에 직접 전화를 걸어 지원사업의 방향을 물어보기도 했다. 그때는 오직 전문가라고 불리는 사람의 **노하우와 노웨어**에 의존해 사업의 타당성을 판단해야 했다. 즉, '내 느낌으로 이건 될 것 같은데'라는 가정이 검토의 출발점이었다.

그때 당시는 IT 정보화 시대여서 매우 빨리 정보를 찾을 수는 있었지만, 20년이 지난 지금 시대에서 생각해보면 상당히 아날로그적이었다. 자료를 구하고 모으며 정리하는 데만 며칠이 걸렸고, 경쟁사의 기술 수준을 파악하는 데는 한 달이 필요했다. 더 큰 문제는 그 결과가 주관적이었다는 점이다. 대표의 판단, 엔지니어의 감, 시장 담당자의 느낌이 합쳐져 결론이 나왔다. 수치보다는 경험이, 근거보다는 감이 앞섰다. 물론 그때는 그것이 최선이었다. 하지만 지금은 시대가 완전히 바뀐 것 같다. 지금은 AI가 방대한 정보와 데이터를 매우 짧은 시간에 분석해 타당성 검토는 물론, 객관적인 보고서까지 써준다. 안 되는 것은 안 된다고 이야기하고, 되는 것은 된다고 이야기해준다. **AI는 이제 타당성 검토의 방식을 '직관의 영역'에서 '데이터 기반의 구조화된 사고'로 바꿔놓았다.**

AI를 이용한 타당성 검토는 첫 단계부터 접근이 다르다. 예전에는 '이 아이디어가 괜찮을까?'라는 막연한 질문에서 출발했지만,

이제는 AI에게 명확하게 정의된 질문을 던져야 한다. 예를 들어, "정부가 2026년에 가장 집중적으로 투자하는 산업 분야는 무엇인지를 최근에 발표된 2026년 예산안 기준으로 자세히 알기 쉽게 알려줘", "현재 시장에서 해결되지 않은 문제를 중심으로 신규사업 아이템을 찾는다면 어떤 영역이 적합한지 보고서에 제출할 수 있는 문서 형태로 개조식으로 정리해서 알려줘" 같은 식이다. AI는 수많은 데이터베이스와 공고문, 산업 리포트를 기반으로 정리된 결과를 제시한다. 내가 과거에 며칠 걸려야 알 수 있었던 사실을, AI는 단 몇 분 만에 **정확한 수치와 근거 링크**를 포함해 보여준다.

나는 이 과정을 보며 타당성 검토의 본질이 달라졌다는 것을 느꼈다. 과거의 검토가 '정보를 모으는 일'이었다면, 지금의 검토는 '가정을 검증하는 일'이 되었다. 예전에는 시장이 크면 된다고 생각했다. 그러나 지금은 시장이 크다고 해서 성공하는 게 아니다. AI는 시장의 크기보다 '시장 진입장벽'과 '경쟁 포화도', '고객의 미충족 니즈'를 먼저 분석해준다. 즉, 단순한 숫자보다 진입 가능성과 차별화 포인트를 정량적으로 보여준다. 나는 과거에 아이템이 좋아도 '너무 많은 경쟁사가 있다'라는 이유로 포기한 적이 있었다. 그러나 AI는 그 안에서도 '이 세그먼트(segment)의 하위 시장은 여전히 공백이 있다'라는 기회를 보여준다. **AI는 사람의 직관이 놓치는 빈틈을 찾아낼 수 있게 도와줄 수 있는 것이다.**

기술 검토 방식도 확실히 달라졌다. 과거에는 내가 보유한 기술이 통할지, 부족한 부분은 외부 협업으로 보완할 수 있을지를 감으로 판단했다. 지금은 AI가 기술적 타당성을 수치로 분석한다. 예를 들어 "이 기술의 핵심 성능지표(KPI)는 무엇이며, 이를 충족하는 데 필요한 데이터의 양은 어느 정도인가?"라고 묻는다. 그러면 AI는 논문·특허·제품 스펙을 분석해 구체적인 기준을 제시한다. 덕분에 기술 검토가 '감'이 아니라 '데이터 기반 판단'으로 바뀌었다.

사업의 수익성 검토에서도 변화가 크다. 예전에는 엑셀로 손익 시뮬레이션을 만들어도 입력값이 너무 많아 현실성을 유지하기 어려웠다. 오타 및 누락 등이 비일비재했다. 매출은 부풀려지고, 비용이 축소되는 일도 흔했다. 그러나 AI는 이 구조를 자동으로 정리해준다. "이 아이템의 단가, 고객 확보비용(CAC), 회수기간, 이익률을 기준·보수·공격의 3가지 시나리오로 계산해줘"라고 지시하면 AI는 즉시 계산표를 만든다. 그래프로 만들어달라고 하면 금방 멋지게 만들어준다. 내가 매번 수식을 입력하지 않아도, AI가 합리적인 가정값을 세워 시뮬레이션을 돌리고, 그 결과를 보기 좋게 그래프와 표 및 보고서 등으로 보여준다. **이제 타당성 검토는 사람이 계산하는 일이 아니라, 사람이 검증하는 일로 바뀌고 있다.**

AI의 도움으로 운영 타당성 역시 정교해지고 있다. 과거에는 인력·장비·협력업체를 경험적으로 구성했지만, 이제는 AI가 공급망·조직·파트너 시나리오를 최적화해 자동으로 제시한다. 예를 들어 "이 사업을 추진하기 위한 최적의 프로젝트 팀을 만들어줘"라고 하면, AI는 개발·영업·생산·품질 관리의 핵심 인원 구조와 예산을 구성 이유를 제시하면서 합리적으로 제시한다. 나는 과거에 인력이 늘어날 때마다 자금이 부족해지고, 자금이 확보되면 인력이 늦게 충원되는 악순환을 경험했다. 물론 AI를 통해서 이러한 결과를 얻어내기 위해서는 구체적인 프로젝트 내용과 회사 조직구성에 대한 정보가 AI에 꾸준히 업데이트되어 있어야 할 것이다. 이렇게 지금의 AI는 인력계획과 자금 흐름을 동시에 시뮬레이션해 **운영상의 균형점을 미리 계산해 안전하게 개발할 수 있도록 도와준다.**

또 하나 중요한 변화는 정부사업과의 연계성이다. 과거에는 정부사업의 공고문이 발표된 뒤, 그 공고 목적 내용에 맞춰 개발 사업을 억지로 끼워 넣었다. 하지만 지금은 AI를 통해 미리 정부의 방향성을 예측할 수 있다. "2026년 산업부와 중기부의 R&D 중점 투자 분야를 비교해줘"라고 하면, AI는 전년도 공고 데이터와 정책 브리핑을 분석해준다. 이를 통해 신규 사업 아이템을 미리 정부사업 구조에 맞게 설계할 수 있다. 즉, **과거에는 '공고 후 대응'이었다면, 이제는 '공고 전 선제 기획'의 시대가 된 것이다.**

나는 이러한 변화 속에서 AI의 역할을 '사후 검토자'가 아니라 '사전 시뮬레이터'로 정의한다. 예전에는 실패 후 원인을 분석했지만, 지금은 AI가 실패를 예측하고 미리 대안을 제시한다. 예를 들어, "이 아이템이 실패할 가능성이 높은 이유 5가지를 알려줘"라고 말하면, AI는 시장 리스크, 기술 미흡, 규제 이슈, 자금부족, 팀 구성의 문제까지 정리해준다. 그중 현실적인 리스크를 중심으로 보완계획을 세우면 된다. 과거에는 문제를 '경험으로' 예상했다면, 이제는 **AI가 문제를 '패턴으로' 예측한다.**

　결국 AI는 타당성 검토의 본질을 바꿨다. 과거의 검토가 '가능성의 탐색'이었다면, 이제는 '실현성의 구조화'다. 사람의 경험과 감은 여전히 중요하지만, 그것은 출발점이지 근거가 아니다. AI는 나의 경험을 검증하고 보완하며, **아이디어를 수치와 근거로 입증 가능한 계획으로 바꾼다.** 덕분에 사업의 추진력은 빨라지고, 실패 확률은 낮아졌다. 나는 지금도 기업 대표, 기술엔지니어들과 개발내용에 대한 타당성 검토를 할 때 AI를 함께 사용한다. 내 생각을 AI가 정리하고, AI의 분석을 내가 검증한다. 그렇게 AI와의 협업이 이루어질 때, **사람의 감성과 AI의 논리가 하나로 만나 시너지가 발생되는 순간이 만들어진다.**

　우리는 이쯤에서 'AI가 나를 대신하지 않을까?'라는 생각을 할 수 있다. 하지만 **AI는 사람을 대체하지 않는다. 대신 사람을 자유롭게 만든다.** 우리는 더 이상 단순한 자료 정리나 계산에 시간을 낭비하지 않아도 된다. 그 시간에 더 깊은 전략과 실행계획을 고민할 수 있다. **타당성 검토의 목적은 '아이디어를 의심하는 것'이 아니라, '아이디어를 현실로 만드는 것'이다.** 이제 AI는 그 현실화를 위한 가장 확실한 동반자다.

① 과거의 타당성 검토는 경험과 직관에 의존했지만, AI 시대의 검토는 데이터와 구조화된 사고를 기반으로 한다.

② AI는 시장·기술·재무·운영 리스크를 동시에 분석하고, 결과를 수치로 입증한다.

③ 사람은 판단과 전략에 집중하고, AI는 분석과 검증을 담당하는 협업 구조로 변화한다.

④ 타당성 검토의 목적은 가능성의 탐색이 아니라 실현성의 증명이며, AI는 그 증명을 빠르고 정확하게 만들어준다.

기존 사업의
AI 고도화 기획

많은 기업이 이미 운영 중인 사업이 있음에도 불구하고, 정부의 R&D나 창업 지원사업에 도전할 때마다 늘 같은 고민을 한다.

'우리 사업은 이미 하고 있는 일인데, 정부과제로 다시 신청할 수 있을까?'
'기존 제품을 조금 개선한 수준인데, 사업계획서에 '혁신'이라

기존 사업도 AI로 다시 설계하라

고 쓸 수 있을까?'

　이 질문은 대부분의 기업 대표가 공통으로 하는 고민이다. 기존 사업을 어떻게 '새롭게 보이게 할 것인가?', 그리고 그것을 'AI를 통해 쉽게 설계할 수 있는가?'가 이 챕터의 핵심이다.

　예전에는 이런 고도화 작업을 사람의 경험과 감에 의존했다. "이 기술은 조금 더 업그레이드해서 인공지능 기능을 붙이면 좋을 것 같다", "이 장비에 자동화 기능을 넣으면 과제가 될 수 있을 것 같다" 같은 아이디어 회의가 며칠씩 이어졌지만, 구체적인 실행방안은 쉽게 나오지 않았다. AI가 없던 시절에는 정부사업을 위한 사업계획서를 작성할 때, '핵심기술을 새롭게 보이게 하는 표현력'이 필요했다. 그래서 정부사업 경험이 많은 전문가나 컨설턴트의 도움을 받아 기술적 요소들을 추가해서 사업계획서를 만들지만, 실제로는 대부분의 기업 관계자가 그 기술적 상관관계를 이해하지 못한 채 선정 여부에만 매달리는 상황이 되었다. 하지만 이런 식으로 선정되어봤자 그 사업은 성공되기 어렵고, 기업에 전혀 도움이 되지 못한다.

　하지만, 이제는 그 방법이 완전히 달라졌다. **ChatGPT 같은 오픈AI는 '기존 사업의 구조'를 스스로 분석하고, 해당 정부사업의 목표에 맞게 '고도화 방향'을 매우 매끄럽게 제안할 수 있다.** 예를 들어 AI에게 이렇게 물어보자.

“현재 우리가 보유하고 있는 핵심기술을 AI 제조 R&D 정부과
제의 특성에 맞게 고도화하려면 어떤 기술적 목표로 설정하는 것
이 좋을까? 그 기술은 회사의 미래 기술경쟁력에 도움이 될 수 있
게끔 연관성이 있어야 해.”

그러면 AI는 기존 사업의 문제점을 ‘기술적 개선’과 ‘정부사업
방향성’의 관점에서 재정리해준다. 예를 들어, 기존 공정이 ‘수작
업 검사 공정’이라면, AI는 ‘데이터 수집 → AI 판독 → 자동 기록
→ 품질 예측’의 단계로 재구조화해준다. 이것은 기존의 단순화
된 공정에서 어떤 부분이 AI 기술적 혁신을 보완해줄 수 있는지
AI가 스스로 제시해주는 답변이다. 이것은 기업이 그 내용을 구체
적으로 모르더라도 정부사업과 기술적 개선 흐름 측면에서 정합
성이 매우 높은 기술 방향이다. 과거에는 이런 문장 구조를 잡는
것이 가장 어려웠다.

“기존 기술의 한계점을 제시하고, 그 한계를 극복하기 위한 구
체적인 기술개발목표를 써라.”

이것은 정부사업의 공통 요구사항이지만, 대부분의 기업은 이
문장을 잘못 해석한다. 그래서 단순히 ‘품질 향상’, ‘불량률 감소’
처럼 추상적인 문구로만 쓰곤 했다. 하지만 AI를 활용하면, 같은
문장을 구체적으로 바꿀 수 있다.
예를 들어 AI에게 “불량률 감소를 기술개발목표로 적을 때, 기

술적 접근과 경제적 효과를 모두 포함해서 표현해줘"라고 명령하면, AI는 이렇게 답할 것이다.

"딥러닝 기반의 품질 분류 모델을 적용해 불량검출 정확도를 15% 이상 향상하고, 공정 데이터 분석을 통해 불량 원인 추적 프로세스를 자동화한다."

이 한 줄이 바로 '사업 고도화 문장'이 되는 것이다. **AI는 단순히 문장을 만들어주는 도구가 아니라, 기획의 방향을 함께 잡아주는 조력자인 것이다.**

AI에게 "이 사업을 정부과제로 고도화할 때 평가자가 중요하게 보는 포인트는 무엇일까?"라고 물으면, 정부의 평가기준(기술성, 사업성, 시장성, 정책적 부합성)에 맞춰 사업계획서 구조를 구성해준다. 이 과정에서 기업은 이제 '기획자'의 언어를 배우게 된다. AI가 제시하는 문장 구조를 반복해서 보다 보면, 기업 스스로도 "정부 사업이 어떤 구조를 좋아하는지"를 자연스럽게 익히게 된다. 이것이 바로 AI 학습의 본질이다. **단순히 결과를 받아쓰는 게 아니라, 'AI와 대화하면서 사업을 재정의하는 학습'인 것이다.**

기존 사업을 고도화하려면, 우선 '무엇을 바꿀 것인가?'보다 '무엇을 새롭게 보이게 할 것인가?'를 정해야 한다. 사업의 근본 구조를 바꾸는 것이 아니라, 사업을 보는 관점을 바꾸는 것이다. 예를 들어 기존에는 '기계 부품 제작'이라면, '데이터 기반 제조기술'로 바꾸고, '납품형 서비스'였다면 '모듈형 플랫폼 사업'으로 관점을 확장하는 것이다. 이때 ChatGPT에게 "기존 기술을 정부 사업에서 혁신적으로 보이게 표현하려면 어떤 방향으로 기술 분류를 재설계하면 좋을까?"라고 묻는다. 그러면 AI는 기술 키워드 (예 : 스마트제조, 데이터 표준화, AI 융합, 친환경 소재 등)를 제시하며, 사업이 '현재 기술 수준'에서 '미래 기술 단계'로 이동하는 듯한 흐름을 만들어준다.

AI를 활용한 사업 고도화의 가장 큰 장점은 **'혼자서도 기획이 가능하다'는 점**일 것이다. 예전에는 전문가의 도움 없이는 문장 하나 쓰기가 어려웠던 기업의 대표님이나 고숙련된 연구소장급의 R&D 엔지니어를 고용하기에는 너무 부담스러워서 어떻게 해야 할지 몰랐던 대표님도 이제는 혼자서 AI와의 대화만으로도 전체 사업의 기술목표, 개발내용, 기대효과를 일관성 있게 정리할 수 있다.

AI에게 "내가 하고 싶은 신사업, 신제품 개발내용을 정부사업에 신청할 수 있는 사업계획서 양식에 맞춰 체계적으로 정리해줘"라고 하면, 기술개발목표 → 세부 추진내용 → 예상 성과 → 기대효과가 사업계획서 양식에 맞춰서 자동으로 구조화된다. 이렇게 되면 계획서의 기본 틀이 잡히고, 그다음에는 기업이 실제 데이터를 추가하거나 현장의 정보를 넣어 완성도를 높이면 된다. 즉, **AI를 이용해서 사업계획서 초안을 만들고, 사람은 사실성을 높여서 완성시키면 되는 것이다.**

기존 사업의 AI 고도화는 결국 '문장의 고도화'다. 기술을 새로 만드는 것이 아니라, 기술을 새롭게 보이게 만드는 일이다. AI는 그 과정을 데이터 기반, 문장 구조 중심, 정책 정합성 중심으로 도와주는 도구다. AI를 잘 활용하는 기업은 '아이디어를 혁신'하는 게 아니라, '표현을 혁신'한다. 그리고 그 표현은 정부가 이해할 수 있는 논리적 언어로 변환된다. 결국 AI 고도화의 목적은 기술을 발전시키는 것이 아니라, 사업을 설명할 수 있는 언어의 수준을 높이는 것이다. **정부사업을 신청하는 기업은 더 이상 '기술만 좋은 기업'이 아니라, '기획을 잘하는 기업'으로 평가**받는다. 그리고 이제 그 기획은 AI와 함께라면 혼자서도 할 수 있다!

① 기존 사업의 고도화는 기술을 새로 만드는 것이 아니라, '기술을 새롭게 보이게 하는 것'이다.

② AI는 기존 사업의 구조를 분석하고, 정부사업의 평가기준에 맞게 기술목표와 추진내용을 재구성한다.

③ ChatGPT는 문장과 구조를 자동으로 만들어주며, 사용자는 사실과 데이터를 채워 넣는다.

④ 결국 AI 고도화의 본질은 기획의 언어를 배우는 것, 즉 'AI와 함께 생각하는 기획자'가 되는 것이다.

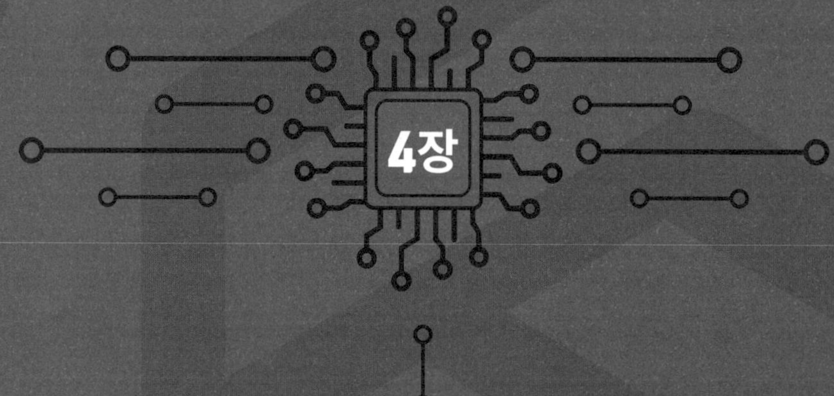

[AI 작성]
ChatGPT로
사업계획서를 작성하는 법

창업과 연구개발 사업계획서를
구분해 AI로 작성하기

사업계획서 작성의 새로운 방식, AI와 함께 쓰기

사업계획서를 쓴다는 것은 단순히 글을 잘 쓰는 문제가 아니다. 사업계획서를 잘 쓴다는 것은 **'사업을 이해시키는 능력'**이자, 미래를 설계하는 기술이 뛰어나다는 것이다. 예전처럼 사람의 경험과 감각에만 의존하던 시대에는 문장을 작성하고 다듬는 데 많은 시간이 소모되었다. 실제 사업계획서를 작성한 경험이 없는 사람들의 경우, 몇 개의 문장조차 제대로 만들지 못하는 일이 많다.

AI를 함께 쓰는 순간, 기획의 방식이 달라진다

머릿속에 생각은 많은데 정리해서 체계적으로 서술하는 것은 쉽지 않은 작업이다. 그래서 사업계획서 작성 단계에서부터 정부사업 도전을 포기하는 사람이 많다. 하지만 이제는 그 작성 과정 대부분을 AI가 함께 수행할 수 있는 시대가 되었다. **AI가 초안을 잡고, 사람이 방향을 잡는 구조, 이 변화는 글쓰기의 효율뿐만 아니라 사고의 깊이까지 바꾸고 있다.**

내가 대학원 때 교수님과 함께 진행하는 프로젝트를 위해 처음으로 사업계획서를 작성할 때가 기억난다. '일기 1장도 쓰기 어려운데, 20~30장의 사업계획서를 어떻게 작성하지?'라는 글 쓰는 두려움. '무슨 내용부터 써야 할까?'라는 막막함. '사업계획서에 이런 내용이 들어가도 될까? 평가위원 눈에 띌까?'라는 불안함. 그럴 때마다 인터넷을 뒤져서 각종 정보를 조사하고, 다른 기업이 제출한 사업계획서 사례를 참고해, 며칠 밤을 새워 사업계획서를 완성했다. 이런 식으로 사업계획서를 작성하다 보니 아무리 작은 규모의 정부사업이라고 하더라도 작성하는 데 긴 시간이 걸릴 수밖에 없었다. 하지만 **이제는 AI가 형식을 만들고, 사람은 내용에 집중한다.** AI가 초안을 잡고 방향을 제시하면, 사용자는 더 짧은 시간에, 더 높은 완성도로 결과를 만들어낼 수 있다.

ChatGPT가 단순히 글만 써주는 도구였다면 나는 이 책을 쓸 필요도 없고, 독자들에게 사용을 권장하지도 않을 것이다. **지금 나에게 ChatGPT는 내가 작성하는 사업계획서의 논리적 뼈대를 함께 세워주고, 살을 찌워주는 조력자다.** 예를 들어, AI에게 "2026년 예비창업패키지 창업계획서 공고문을 참조해 내가 개발한 사업 아이템의 시제품을 과제 기간 내에 개발 및 양산해, 성공적으로 매출을 발생시켜서 최종적으로 사업화 성공을 달성할 수 있는 창업계획서를 작성해줘"라고 요청하면 AI는 목적, 개발내용, 시장성, 기대효과의 사업계획서 흐름으로 내용을 자동 정리한다. 예전에는 공고문과 사업계획서 양식을 일일이 뜯어보며 형식을 직접 맞췄지만, 이제는 그 과정을 AI가 대신한다. 사용자는 단순히 양식을 채우는 사람이 아니라, **AI가 만든 사업계획서 틀 안에 근거와 스토리를 채워 넣는 기획자가 되는 것이다.**

하지만 AI와 함께 사업계획서를 작성하려면 반드시 지켜야 할 원칙이 있다. 사업계획서가 아닌 일반적인 책을 집필하는 것도 비슷하다. **먼저 사업계획서의 작성 방식, 글자체, 작성 규칙 등과 같이 모든 장에서 동일하게 지정해야 하는 규칙은 명확히 학습시켜야 한다.** "이 책은 제조기업 실무자를 대상으로, AI를 활용한 사업계획서 작성법을 안내하기 위한 것이다. 문장은 간결하게, 문단은 붙여 쓰고, 강조는 굵게 한다" 이런 식으로 구체적으로 지시해야 한다. 사업계획서도 마찬가지다. "이 사업계획서는 중소벤처기업부 사업계획서의 작성 형식을 기본적으로 지켜줘. 글자체는 휴먼명조, 크기는 12포인트, 줄 간격은 160%, 삽입 이미지 사이즈는 16:9, 페이지 수는 20페이지 미만 등이야. 작성 날짜와 내용이 바뀌더라도 이 항목은 항상 동일한 기준으로 지켜줘" 이런 식으로 작성하면, AI는 사용자가 또 다른 규칙을 알려줄 때까지는 이 사항을 항상 기억하면서 사업계획서 작성 전반에 적용하게 된다.

작성 규칙을 적용한 이후에는 전체 목차를 확정하고, 절별로 하나씩 작성하면 된다. 예를 들어, AI에게 그냥 단순하게 "알루미늄 TIG 용접공정에서 고온크랙을 최소화할 수 있는 전용 용접봉을 개발하는 내용으로 사업계획서 전체를 써줘"라고 명령하면, 아무리 ChatGPT라고 할지라도 제대로 된 작성을 기대하기는 어렵다. 우선 AI는 한꺼번에 많은 내용을 작성할 때 문체의 일관성이 흔들리고, 앞뒤 문맥이 불안정해진다. 따라서 먼저, ChatGPT와 함께 신중히 목차를 구성하고, 각 절에서 의도하는 내용을 제시해주면서 차례로 작성해야 한다. 정해놓은 글쓰기 규칙은 몇 회에 걸쳐 한 번씩 언급해주는 것이 좋다. "이 책의 4장은 ChatGPT로 사업계획서를 쓰는 방법이야. 4-1과 4-2, 4-3, 4-4는 첨부된 자료에서 확인하듯이 목차를 분류했어. 지금은 4-2절인 [~ 환경에서 ~ 계획서를 작성하기] 절을 쓰고 있으니, 앞의 톤과 규칙을 유지하면서 4-1, 4-3절과 자연스럽게 연결될 수 있도록 작성해줘" 이런 방식으로 AI의 기억을 갱신하면서 작성해야 한다.

책의 목차를 잡을 때는 무엇보다 책의 방향을 명확히 정하는 것이 가장 중요하다. 방향이 없으면 글이 흩어지고, 주제가 있어도 완성되지 않는다. 따라서 먼저 책의 제목을 정하고, 그 제목이 전달하려는 메시지를 기준으로 시나리오를 구성해야만 한다. **이 시나리오가 책 전체의 뼈대가 되고, ChatGPT는 그 뼈대를 기준으로 각 장의 구조를 설계해주는 것이다.**

예를 들어, 내가 과거에 출판한《정부지원금을 활용해 안전하게 기업 경영하기》라는 책을 예시로 들어보자. 물론 이 책을 쓸 때는

ChatGPT의 도움을 받을 수가 없었고, 오롯이 나의 노력으로만 작성되었다. 만약 내가 이 주제로 책을 쓰기 위해 ChatGPT에게 도움을 받았다면 먼저 이렇게 요청했을 것이다.

"내가 정부사업을 수행하다가 기술벤처기업의 성장과 폐업까지 이르게 된 과정을 책으로 쓰고 싶어. 그 안에는 내가 겪은 시행착오, 수행한 사업의 종류, 사업계획서 작성 및 평가 대응 노하우, 그리고 사업비 사용 문제로 인한 위기와 그 해결책까지 모두 담고 싶어."

이렇게 전체 시나리오를 말해주면 ChatGPT는 그 내용을 분석해서 다음과 같이 목차를 정리해줄 것이다.

PART 1. 어느 벤처기업의 정부지원사업 성장기

PART 2. 효과적인 추천 정부지원사업

PART 3. 정부사업 핵심 성공 전략

PART 4. 효율적인 정부사업 수행 전략

이처럼 대제목(Part) 단위로 분류해준다.

이 구조가 작성자가 의도한 시나리오와 부합하면, 그다음 단계에서 세부 챕터를 구체화해달라고 요청하면 된다. 예를 들어 다

음과 같이 말해보자.

"PART 1에서 '정부사업을 처음 수행하게 된 배경'과 '경험이 쌓이며 홀로서기를 하게 된 과정', '본격적으로 정부과제를 활용하는 수준에 도달하는 이야기'를 쓰고 싶다."

그러면 ChatGPT는 이를 토대로, '1장 정부과제 처음 맛보기, 2장 정부과제 홀로서기, 3장 본격적으로 정부과제 활용하기'처럼 세부 목차를 자동으로 제안해줄 것이다.

이런 방식으로 시나리오를 사람이 먼저 세우고, ChatGPT가 그 시나리오를 기반으로 논리적인 구조를 짜주는 것이다. 즉, 사람이 이야기의 방향을 정하고, AI가 구조를 설계하는 협업 방식이라고 할 수 있다. 이 과정을 거치면 저자는 글의 방향을 잃지 않으면서도, 책 전체의 체계적 구성을 빠르고 명확하게 완성할 수 있다. 결국 중요한 것은 **'ChatGPT가 알아서 목차를 만드는 것이 아니라, 내가 만든 시나리오를 AI가 구조화한다'라는 점이다.** 이 접근법을 익히면 책이든 사업계획서든, 모든 기획의 시작이 한결 명확해진다.

하지만 AI는 시간이 지나면 규칙을 '잊는' 특성이 있다. 따라서 ChatGPT와 함께 글을 쓰는 사람은 끊임없이 규칙에 대한 리뷰를 반복해야만 한다. 매 장을 시작할 때마다 '문단 붙여쓰기, 문단 간 줄 띄움, 7자 들여쓰기, 핵심 문장 굵게'라는 규칙을 다시 알려주는 것이 좋다. 이렇게 해야 AI가 이전의 스타일을 유지하며 일관된 문체를 지속할 수 있다. **결국 AI와의 글쓰기란 '자동화된 과정'이 아니라, 끊임없이 교감하며 조정하는 협업 과정인 것이다.**

AI를 활용한 글쓰기에서 중요한 것은 '무엇을 쓰느냐'보다 '어떻게 AI와 대화하느냐'다. 같은 주제라도 입력 방식에 따라 결과는 완전히 달라진다. **존중하면서도 명확한 명령, 충분한 사전정보 제공, 단계적 요청이 3가지 기본 원칙이다.**

첫째, 존중하면서도 명확한 명령은 AI가 사람처럼 사고하도록 만든다. "이걸 써줘"보다 "이 부분을 좀 더 설득력 있게, 예시를 추가해서 설명해줘"라고 말하면, AI는 훨씬 인간적인 결과를 낸다.

둘째, 충분한 사전정보 제공은 AI의 논리를 향상시킨다. AI는 오픈데이터로 학습된 모델이기 때문에, 개인이 가진 구체적 정보(예 : 회사의 기술, 시장 상황, 내부 비전)를 모르면 일반적인 결과만 낸다.

셋째, 단계적 요청은 글의 전체 맥락을 안정시킨다. "전체 초안을 써줘"보다는 "서론을 먼저 써줘. 다음으로 주요 논리를 정리해줘"처럼 단계적으로 명령하면 결과가 훨씬 일관된다.

최근 많은 사람이 다양한 사업계획서 작성에 AI를 활용하고 있다. 나는 많은 기업의 대표님과 이야기하며 이 변화를 수없이 실감했다. 예전에는 대표들이 "무엇을 써야 할지 모르겠다"라고 말하곤 했지만, 지금은 AI와 함께 작성하다 보면 금세 사업계획서 초안을 잡을 수 있을 것이다. 예를 들어, "이 기술의 차별성을 평가항목에 맞게 정리해줘"라고 하면, AI는 이렇게 정리한다.

① 기존 기술의 한계 : 수작업 중심의 공정으로 생산성 저하

② 개선 포인트 : AI 기반 자동검출 기술 도입

③ 기대효과 : 인력 효율 20% 향상, 불량률 15% 감소

이 구조는 평가자가 이해하기 쉬우면서도 기업이 나중에 데이터를 넣어 수정하기도 편하다. **AI는 문장을 대신 쓰는 것이 아니라, 문장의 논리 구조를 가시화해주는 존재로 생각해야 한다.**

AI를 이용해 사업계획서를 작성하는 과정은 생각보다 어렵지 않다. AI를 사용한다고 해서 뭔가 대단히 어려울 것으로 생각하지만, 앞서 이야기한 것처럼 프롬프트를 통해 주제만 잘 전달하고 시나리오를 잘 이끌어준다면 어려울 게 없다. ChatGPT를 활용해 사업계획서 쓰는 순서를 간단하게 정리해봤다.

첫째, 공고문과 평가항목을 ChatGPT에 업로드해서 이해 및 기억시키자.

둘째, 자신이 검토하고 있는 R&D 개발 사업의 개요를 설명문 형태로 ChatGPT에게 업로드시키자.

셋째, "개요문에서 확인할 수 있는 내가 제시한 평가항목에 맞춰 사업계획서 양식에 맞게 목차를 논리적으로 정리해줘"라고 지시한다.

그러면 AI는 업로드된 데이터와 작성자의 프롬프트 명령을 바탕으로 사업계획서의 목차 구조를 자동으로 만들어준다. 그런 다음 세부 목차를 만들고, 최종 목차에 따라 각 항목별로 실제 수치와 데이터를 바탕으로 AI와 함께 작성하면 된다. 이 과정을 한 번이 아닌 두세 번 반복하면, 평가자가 요구하는 형식에 맞고, 작성자가 의도한 개발목표, 내용, 추진체계 등이 일관된 사업계획서 초안이 완성된다.

AI를 활용해 사업계획서를 작성할 때 반드시 알아두어야 할 점이 있다. **바로 AI가 인식할 수 있는 자료의 형태다.** 내가 실제로 다양한 형식의 자료를 업로드해본 결과, PDF나 텍스트 파일, 이미지(JPG, PNG)는 비교적 정확하게 인식하지만, HWP(.hwp)나 Excel(.xlsx) 파일은 구조가 깨지거나 일부 내용이 누락되는 경우가 있었다. 즉, 같은 내용을 주더라도 어떤 파일 형식으로 입력하느냐에 따라 AI의 이해력과 결과 품질이 달라진다.

예를 들어, 정부 공고문을 HWP로 올리면 문단 간 구분이나 표 구조가 틀어지는 경우가 많지만, 같은 내용을 PDF로 변환해 업로드하면 거의 완벽하게 인식된다. 엑셀 파일 또한 셀 병합이나 수식이 포함되어 있으면 오류가 생기기 쉬운데, 이 경우에는 CSV 파일로 변환하거나 주요 표만 텍스트로 옮겨주는 것이 훨씬 안정적이다. 이러한 차이는 AI의 '언어 이해 능력'이 아니라, '파일 구조를 해석하는 방식의 차이'에서 비롯된다.

그래서 나는 공고문이나 평가항목을 AI에게 전달할 때 항상 PDF 파일 형태로 올린다. 표나 수치 데이터는 CSV 파일로 정리하고, 내용이 많으면 텍스트를 직접 복사해 붙여 넣는 방식을 사용한다. 이렇게 하면 AI가 문서의 문맥과 항목 구조를 정확히 파악할 수 있다.

AI가 인식하기 쉬운 파일 형식과 어려운 형식을 표로 정리하면 다음과 같다.

AI가 인식하기 쉬운 파일 형식

번호	구분	인식률	인식 정확도
1	PDF(.pdf) : PDF 파일	100%	텍스트 기반 PDF는 인식 정확도 95% 이상. 스캔본은 OCR 기능 필요. 문단 구조와 표 형태 유지에 가장 안정적
2	TXT/MD(.txt/.md) : 메모장 파일	100%	순수 텍스트 형식으로 오류 거의 없음. 단, 서식 정보는 유지되지 않음.
3	DOCX(.docx) : 워드 파일	80%	문단, 제목, 표 구조 인식 우수. 글머리표나 도형은 일부 누락 가능.
4	CSV(.csv) : 엑셀 파일	80%	엑셀보다 인식률 높음. 수치 분석 및 데이터 표 전달에 적합
5	JPG/PNG(.jpg/.png) : 이미지 저장+스크린 캡처 파일	60%	텍스트가 포함된 이미지는 OCR을 통해 인식 가능. 다만 글자가 작거나 흐리면 정확도 저하

부분적으로 인식은 가능하나 주의가 필요한 형식

번호	구분	인식률	인식 정확도
1	XLSX(.xlsx) : 엑셀 파일	40%	표 데이터 일부만 인식 가능. 수식·병합셀·서식은 오류 발생. CSV 변환 권장
2	HWP(.hwp) : 한글 파일	20%	문단·표 구조 깨짐 빈번. 문장 누락 가능성 높음. PDF 변환 필수
3	PPTX(.pptx) : 프레젠테이션 파일	20%	슬라이드 내 텍스트는 읽지만, 도형·그래프·표는 인식 불가. 핵심 문장만 정리 필요

번호	구분	인식률	인식 정확도
1	ZIP(.zip)	0%	압축 파일은 내부 구조 열람 불가. 반드시 압축 해제 후 개별 업로드 필요
2	EXE/DLL/CAD/ 기타 실행형식	0%	코드·도면 등 이진 파일은 해석 불가
3	MP3/MP4 등 음성·영상	0%	음성·영상 자체는 분석 불가. 자막 또는 스크립트 파일(.srt) 필요

이 표들을 보면 분명해진다. **AI는 '무엇을 주느냐'보다 '어떻게 주느냐'에 훨씬 더 민감하다.** 예를 들어, 같은 공고문이라도 HWP로 업로드했을 때보다 PDF로 변환한 후 올렸을 경우, 인식 정확도는 2배 이상 차이가 난다. 특히 **정부사업처럼 문단 구조와 항목 간 논리가 중요한 문서는 반드시 PDF 형태로 준비**해야 한다. 나는 새로운 공고문이나 평가항목을 받을 때마다 가장 먼저 하는 일이 있다. 바로 'AI가 읽기 쉬운 형태로 자료를 정리하는 일'이다. PDF로 저장하고, 텍스트로 붙여 넣고, 숫자는 CSV로 분리한다. 그렇게 준비된 자료를 AI에게 전달하면, AI는 문서의 구조를 완벽히 인식하고 사업계획서의 초안을 논리적으로 구성한다. **결국 AI를 잘 사용하는 첫 단계는, AI가 읽기 좋은 환경을 만들어주는 것이다.**

이 과정을 익히면 사업계획서 작성은 훨씬 효율적이고 체계적으로 바뀐다. AI는 평가항목과 공고문의 구조를 기반으로 계획서 초안을 자동으로 설계하고, 사용자는 실제 데이터를 채워 넣어 완성도를 높인다. **AI는 글을 대신 쓰는 도구가 아니라, 기획의 뼈대를 함께 세우는 파트너다.**

① 사업계획서 작성은 글쓰기가 아니라 '논리 구조화'의 과정이다.

② ChatGPT는 평가항목에 맞춘 초안을 자동으로 설계하고, 사용자는 실제 데이터를 채워 넣는다.

③ AI는 파일 형식에 따라 인식 정확도가 달라지므로 PDF, TXT, CSV를 우선 사용해야 한다.

④ 결국 AI를 잘 활용하는 핵심은 AI가 읽기 쉬운 환경을 만드는 것이며, 그것이 기획의 시작이다.

ChatGPT로
창업계획서 작성하기

이제는 본격적으로 ChatGPT와 함께 사업계획서 내용을 작성해보자. 우선 창업자분들이 가장 많이 작성하는 창업계획서를 대상으로 살펴보려고 한다. 예비창업패키지 사업계획서를 처음 접하는 대부분의 창업자는 '무엇을, 어디서부터 써야 할지 모르겠다'라는 공통된 고민을 한다. 공고문에는 친절하게 항목이 정리되어 있지만, 실제로 그 항목을 채우는 것은 쉽지 않다. '문제인식

AI는 성공적인 창업계획서 구조 설계자다

(Problem) → 실현가능성(Solution) → 성장 전략(Scale-up) → 팀구성(Team)'의 순서로 작성하라고 하지만, 정작 어떤 내용이 들어가야 평가자가 이해할 수 있을지는 막막하다. **AI를 활용하면 이 복잡한 과정을 구조적으로, 그리고 논리적으로 바꿀 수 있다.**

몇 년 전까지만 해도 창업계획서 작성을 위해서는 사전에 창업 아이템, 창업 시장 등에 대해서 충분한 인터넷 검색과 사례 수집부터 시작했다. '유사 창업 아이템의 현재 문제점', '유사 창업 아이템의 현재 성장 전략' 같은 키워드로 비슷한 창업 아이템에 대한 사업계획서를 찾아 직접 검토하거나, 또는 컨설턴트에게 도움을 받는 식이었다.

하지만 그 결과물은 대부분 양식에는 맞을지언정, 논리는 빈약하고 그 내용 역시 자신에게 잘 맞지 않는 계획서가 대부분이다. 직접 창업 시장에 대해서 공부하고, 창업계획서 작성방법을 익히고 반복 연습하다 보면 그 작성 퀄리티는 좋아지겠지만, 결국 문장만 멋있게 포장되었을 뿐, 아이템의 본질과 시장성과 기술성 등이 평가자의 눈에 들어오게 하는 것은 쉽지 않다. 따라서 **초보 창업가들은 대부분 "양식은 있는데 내용이 없다", "내용은 있는데 목표가 명확하지 않다", "어떤 것을 개발하려는 것인지 잘 모르겠다" 등의 평가를 받기 일쑤였다.**

AI는 이 문제를 완전히 다른 방식으로 해결한다. 앞서 이야기했듯이 **ChatGPT는 단순히 글을 대신 써주는 도구가 아니라, 사업계획서의 논리 구조를 함께 설계하는 기획 파트너다.** AI는 창업계획서의 각 항목이 어떤 목적을 가지고 있고, 어떤 흐름으로 작성되어야 하는지를 이해할 수 있다. 이를 위해 예비창업패키지 공고문과 사업계획서 양식을 PDF로 변환해서 ChatGPT에게 업로드해서 다음처럼 간단하게 명령해주자.

"업로드된 예비창업패키지 공고문과 사업계획서 양식으로 분석하고, 그 사업목적과 공지사항들을 기억해줘."

이렇게 명령한 이후에, **작성자는 AI에게 자신의 아이템에 대해서 명확하게 설명할 수 있는 요약서를 PDF로 변환해서 업로드해주면 된다.**

"업로드된 나의 사업요약서를 보고 예비창업패키지 공고문과 창업계획서 양식에 맞춰줘. 사업요약서 내용을 기준으로 하되 심사위원들이 요구하는 방향으로 각 항목을 분석해서 작성해줘. 작성 분량은 20장 내이고, 글자 폰트는 휴먼명조이고, 글자 크기는 12포인트, 줄 간격은 16%야."

이렇게 하면, ChatGPT는 업로드한 PDF 파일과 프롬프트 내용을 바탕으로 자동으로 사업계획서 초안 구조를 잡아준다. 그리고 단계별 항목의 주요 프롬프트 예시는 다음과 같다.

단계별 항목 주요 프롬프트 예시

단계	항목	내용	예시
1	공고문 분석하기	예비창업패키지 사업계획서 양식(PDF)을 업로드해 항목별 핵심 포인트를 파악	"이 양식의 항목 구조를 분석해서 작성 포인트를 요약해줘."
2	아이템 개요 설명하기	자신의 아이템을 한 문단으로 요약해서 전달	"AI 기반 품질 검사 자동화 솔루션에 대한 문제인식 항목을 작성해줘."
3	항목별 세부 작성	평가항목별로 세부 내용 생성 요청	"성장 전략 항목에 시장 진입 전략과 수익모델 중심으로 써줘."
4	논리 정리 및 표 구성	항목별 표, 일정표, 기대효과 표 자동 생성	"2-1항 개발로드맵을 표로 구성해줘."
5	검토 및 보완	실제 데이터, 수치, 내부 정보로 수정 보완	"이 내용을 현실 수치로 보완해줘."

1단계는 공고문과 사업계획서 양식을 AI에 학습시키는 일이다. 예비창업패키지 사업계획서 양식을 PDF 형태로 업로드한 후 "이 문서의 항목별 작성 포인트를 요약해줘"라고 지시하면, AI는 다음과 같은 내용을 정리해줄 수 있다. 이 과정을 통해 창업자는 이제 무엇을 써야 하는지 명확히 이해한 상태에서 작성을 시작할 수 있다.

항목별 핵심 작성 포인트

항목	평가기준	핵심 작성 포인트
문제인식	사회적 필요성, 시장의 Pain Point	해결하고자 하는 문제를 수치와 사례로 제시
실현가능성	기술 수준, 경쟁력	현재 보유 역량과 기술적 차별화 명확히 제시
성장 전략	시장 확장성, 수익모델	진입 전략, 매출 전망, 확장 전략 구체화
팀구성	전문성, 역할분담	구성원의 역할과 책임을 구체적으로 명시

2단계는 자신의 아이템을 설명하는 일이다. 예를 들어, 'AI 기반 품질 검사 자동화 솔루션'을 개발하려는 창업자라면 다음과 같이 ChatGPT에게 명령해보자.

"내 아이템은 'AI 기반 품질 검사 자동화 솔루션'이야. 이 아이템의 문제인식 항목을 창업진흥원 평가기준에 맞게 써줘."

그러면 AI는 '① 시장의 문제점, ② 기술적 해결책, ③ 기대효과' 등의 구조로 문단을 작성해줄 것이다. AI는 글을 대신 쓰는 것이 아니라, 평가자가 좋아하는 문장 구조를 만들어주는 역할을 한다.

3단계는 논리의 일관성 정리다. AI에게 "이 항목의 논리 흐름을 평가자가 보기 좋게 정리해줘"라고 요청하면, 문단에 자연스럽게 부제목이 붙고, 흐름이 정리된다. '시장 문제 → 기술 대안 → 사업 파급효과'의 구조가 잡히면 문서 전체의 가독성이 크게 높아진다.

4단계는 표와 일정표의 자동 생성이다. AI에게 "개발 로드맵을 표로 만들어줘"라고 지시하면 다음과 같이 구체적인 계획표를 구성해준다.

개발 로드맵 표

구분	추진내용	일정	비고
1단계	기술 설계 및 시제품 기획	2026.05 ~ 2026.07	내부개발
2단계	프로토타입 제작	2026.08 ~ 2026.09	외주용역
3단계	시제품 검증 및 보완	2026.10 ~ 2026.12	테스트 진행

이 표는 계획서 본문에 그대로 삽입할 수 있고, 각 일정만 실제 상황에 맞게 수정하면 된다.

5단계는 검수 및 보완 단계다. AI에게 "이 창업계획서의 논리가 평가자 입장에서 자연스러운가 또는 합리적인가?"라고 물어보면, AI는 중복 표현, 비약된 논리, 근거 부족 문장을 지적해준다. 특히 최신 모델은 '이 문장이 왜 약한지'를 구체적으로 설명하기 때문에 초보자도 손쉽게 보완할 수 있다. AI는 문서를 대신 써주는 존재가 아니라, 논리의 품질을 점검하는 동료가 된다.

ChatGPT를 활용해 창업계획서를 작성할 때는 반드시 **3가지 주의사항**을 기억해야 한다.

첫째, 데이터의 신뢰성이다. AI가 생성한 수치나 시장 규모는 실제 통계와 다를 수 있다. ChatGPT는 인터넷상의 일반 데이터를 바탕으로 문장을 구성하기 때문에, 실제 산업별 시장 규모나 정부 통계와 오차가 발생할 수 있다. 따라서 AI가 제시한 수치나 근거는 반드시 **KOSIS(국가통계포털), 통계청, 창업진흥원 등** 공공 데이터로 검증해야 한다. AI가 만들어주는 문장은 참고용일 뿐, 실제 근거로 제출하기에는 부족할 수 있다. 따라서, 데이터의 신뢰도를 높이기 위해서는 개인별로 AI에게 충분한 학습을 시켜야만 한다. 여러 방면에서 충분히 학습된 AI는 점진적으로 데이터의 신뢰도를 향상할 것이다.

둘째, 문체의 일관성이다. ChatGPT는 요청할 때마다 다른 어조와 문체를 사용할 수 있다. 예를 들어, 문제인식 항목은 설명체로, 성장 전략 항목은 제안서체로 표현되는 식이다. 이렇게 작성된 문체를 한글 파일에 옮겨서 작성하면 문서의 글자체가 불일치하게 되는데, 이런 문체의 불일치는 평가자가 문서를 읽을 때 흐름을 끊어버린다. 따라서 AI에게 **"정부사업계획서 문체로 통일해줘"** 또는 정확하게 **"휴먼명조체로 작성해줘"**라고 지시하는 게 좋다. 한 번의 프롬프트로 전체 문체를 일관되게 맞추는 것이 중요하다.

셋째, 내부 정보 보호다. 이 부분은 매우 민감한 부분일 것이다. ChatGPT와 창업계획서를 함께 작성하다 보면, 많은 정보를 공유하게 되는데, 이것이 현재는 나만의 작은 정보지만 향후 창업 기업에는 매우 중요한 정보가 될 수 있다. 따라서, 기업의 기술 자료, 미공개 특허, 거래처 정보 등은 AI 대화창에 직접 입력해서는 안 된다. ChatGPT는 대화를 학습 데이터로 사용하지는 않지만, 그래도 보안상 민감한 정보는 항상 주의해야 한다. 그래서 이러한 내용은 **직접 입력하는 대신 요약 또는 설명 형태로 전달**하는 것이 바람직할 것이다. 예를 들어, '특허 등록 예정 기술이 있음’ 정도로 표현하고, 구체적인 기술명이나 도면은 첨부하지 않는 것이 좋다.

이 3가지 원칙만 지켜도 AI로 작성한 사업계획서의 완성도와 안정성이 크게 향상될 수 있다. **AI를 활용한다는 것은 단순히 빠르게 쓰는 것이 아니라, 신뢰할 수 있는 문서를 만드는 일이다.** AI가 제시한 내용은 언제나 검증되고, 문체는 통일되어야 하며, 내부 정보는 보호되어야 한다. 결국, **ChatGPT를 통해 창업계획서를 작성한다는 것은 '속도'와 '정확성', 그리고 '안전성'을 함께 확보하는 과정이 되어야 한다.**

AI를 활용하면 창업계획서 작성에 필요한 시간이 크게 단축된다. 기존에는 컨설턴트의 도움을 받아도 일주일 이상 걸리던 초안 작업이 이제는 단 2~3시간이면 충분하다. 하지만 **속도보다 더 중요한 것은 '논리의 품질'이다.** AI는 창업자가 필요로 하는 성공 가능한 창업 아이템, 창업 단계를 제시할 수 있을 뿐만 아니라 심사위원이 익숙한 형식과 문장 구조를 통해 제시할 수 있으므로, 계획서의 완성도가 한층 더 높아진다.

① ChatGPT는 예비창업패키지 사업계획서 작성의 '구조적 조력자'다.

② 공고문과 양식을 분석해 항목별 논리를 자동으로 설계하고, 사용자는 데이터를 채워 넣는다.

③ 평가위원이 선호하는 구조(문제인식-해결방안-기대효과)를 자연스럽게 만들어준다.

④ 결국 AI는 글을 대신 써주는 것이 아니라, 기획과 논리의 품질을 함께 만들어주는 동반자다.

ChatGPT로
연구개발계획서 작성하기

연구개발계획서는 정부지원사업 중에서도 작성하기가 가장 복잡하고 난도가 높은 문서다. 단순히 '이 사업을 하겠다'가 아니라, '왜 이 기술이 필요한가, 어떻게 구현할 것인가, 그리고 그 결과가 산업에 어떤 변화를 가져올 것인가'를 논리적으로 증명해야 하기 때문이다. 특히 중소벤처기업부의 기술개발(R&D) 사업은 평가항목이 세밀하게 설정되어 있어, 각 항목이 논리적으로 연결되

AI로 연구개발계획서의 논리 구조를 완성하라

지 않으면 높은 점수를 받기 어렵다. 비숙련자가 작성할 경우, 이러한 문제로 인해 사업계획서가 산만해지기 쉽다. 하지만 이제는 **ChatGPT를 활용하면, 이 복잡한 작업을 구조적으로 그리고 훨씬 효율적으로 진행**할 수 있다.

나는 20년 넘게 정부과제에 참여하면서 R&D 계획서를 수십 차례 작성했다. 아니 수백 차례는 작성한 것 같다. 기술자는 기술에 집중하다 보니 글을 어렵게 쓰고, 컨설턴트는 글은 잘 써도 기술의 본질을 놓친다. 그래서 예전에는 기술이 뛰어나도 문서에서 설득력이 부족해 탈락하는 경우가 많았다. ChatGPT는 이 두 영역을 연결해주는 다리 역할을 할 수 있다. **기술자가 가진 기술적 논리와 산업적 이해를 기반으로, AI가 글의 흐름과 논리를 정리해줌으로써 문서의 완성도를 크게 높여줄 수 있다.**

중소벤처기업부의 연구개발계획서는 보통 아래의 7개 항목으로 구성된다.

① **기술개발목표** – 무엇을 개발할 것인지 명확히 제시

② **연구개발방법** – 어떤 방식으로 개발할 것인지 구체화

③ **선행 연구 및 차별성** – 기존 연구와의 차이와 기술적 개선점

④ **연구개발역량** – 참여기관, 연구원, 장비, 기술인력의 전문성

⑤ **개발일정 및 추진계획** – 단계별 개발 시점과 세부 목표

⑥ **연구비계획** – 정부지원금과 민간부담금의 비율 및 사용처

⑦ **성과 및 기대효과** – 기술적·경제적 효과, 파급성

이 구조는 단순한 양식이 아니다. 각 항목이 논리적으로 연결될 때 비로소 설득력이 생긴다. 예를 들어, 개발목표가 정량적으로 제시되어야 개발방법의 타당성이 설명되고, 연구개발역량이 충분해야 예산의 적정성이 인정된다. **결국, 연구개발계획서란 논리의 연결을 평가받는 문서인 것이다. ChatGPT의 가장 큰 장점은 바로 이 논리 구조를 자동으로 매우 빠르게 세워준다는 데 있다.**

ChatGPT로 연구개발계획서를 작성하는 과정

연구개발계획서를 AI와 함께 작성하는 방법은 생각보다 명확하다. "공고문과 사업계획서 양식을 PDF로 입력하고 → 기술을 설명하고 → 구조를 설계한 뒤 → 데이터를 복사+붙여 넣기 해서 채우고 → 최종적으로 문장을 완성하다", 이 네 단계로 요약된다.

첫째, 공고문과 양식을 입력한다.

ChatGPT에 공고문과 연구개발계획서 양식(PDF), 그 외 사업계획서 작성에 도움이 될 만한 자료를 PDF로 업로드하고 다음과 같이 지시한다.

"이 양식의 항목별 작성 의도와 평가기준을 분석해서 요약해줘."

AI는 각 항목이 어떤 목적을 갖는지 정리하고, 평가자가 중시하는 포인트를 도표 형태로 알려준다. 이 과정은 마치 심사위원의 머릿속을 미리 들여다보는 것과 같다.

둘째, 기술개요와 개발목표를 설명한다.

AI에게 "이 과제는 'AI 기반 비전검사 기술을 이용한 자동차 부품 결함 검출 자동화 시스템 개발'이야. 기술개발목표를 중기부 평가항목에 맞춰 써줘"라고 이야기한다.

AI는 '① 개발배경과 필요성 → ② 정량적 목표 → ③ 기술적 차별성'의 구조로 작성해준다. 특히 '정량적 목표'를 강조하는 것이 중요하다. '검출 정확도 95% 달성', '기존 대비 검사 속도 2배 향상'처럼 수치화된 목표가 포함되어야 기술적 신뢰성이 높아진다.

셋째, 연구개발방법을 구체화한다.

AI에게 다음과 같이 연구개발방법을 구체적으로 말한다.

"위 기술의 연구개발방법을 실험계획과 검증절차 중심으로 써줘."

AI는 '기술 설계 → 시제품 개발 → 테스트 및 검증 → 개선' 순으로 단계별 개발전략을 제시한다. 문단마다 '누가, 언제, 무엇을, 어떤 방식으로'를 명시하므로, 계획서가 훨씬 체계적으로 정리된다.

넷째, 선행 연구와 차별성을 정리한다.

AI에게 "이 기술이 기존 유사 연구와 어떤 차별성을 갖는지 정리해줘"라고 요구한다.

그러면 AI는 관련 특허나 기존 정부과제를 검색해 '기존 문제점 → 개선점 → 기대효과' 순으로 비교 문단을 만들어준다. 이 단계에서 ChatGPT는 '기존 연구의 약점을 근거로 본 과제의 필요성을 강조하는 글쓰기 구조'를 만들어준다.

다섯째, 연구비계획과 기대효과를 작성한다.
AI에게 다음과 같이 분석하게 한다.

"중소기업 기준으로 정부지원금, 민간부담금, 연구비 항목별 비율을 제안해주고, 개발내용에 부합되는 내용으로 해서 항목별로 사업비 집행내용을 몇 가지 예시로 작성해줘."

이렇게 하면 AI는 중소기업 기준에 맞춰서 사업비 비율을 자동으로 계산하고 인건비, 재료비, 연구활동비, 연구수당, 간접비 항목으로 구분된 예시안을 개발내용에 맞춰 초안을 제시해준다.

이후 "이 과제의 기술적·경제적 기대효과를 항목별로 정리해줘"라고 입력하면, AI는 '① 기술 고도화, ② 산업 경쟁력 향상, ③ 고용 창출'과 같은 구체적인 효과를 신청기업 현황에 맞춰 제시한다.

다음은 ChatGPT로 연구개발계획서를 항목별로 작성할 때, 내가 실제로 사용하는 명령어다. 참고해서 작성 시 활용하길 바란다.

① **공고문 및 양식 업로드** → '평가항목 분석'해줘

② **기술개요 업로드** → '정량적 목표 중심으로 사업계획서를 구조화'해줘

③ **개발방법 요청** → '실험 단계 및 검증절차 자동화'해줘

④ **차별성 요청** → '선행 연구와 비교 구조를 생성'해줘

⑤ **예산 및 기대효과 작성** → '항목별 요약 및 완성'해줘

이 명령어를 따라 하게 되면, 과거에는 일주일 이상 걸리던 연구개발계획서 초안 작성이 단 하루 만에 가능하다. 또한, AI가 문장의 논리적 구조까지 자동으로 검증하므로, 평가자가 읽기 쉬운 문서를 만들 수 있다.

① 연구개발계획서는 기술의 타당성과 시장성, 그리고 사업화 가능성을 논리로 증명하는 문서다.

② ChatGPT는 기술자의 사고와 문서 작성의 논리를 결합해준다.

③ AI를 활용하면 기술 중심의 사고를 정책 평가 언어로 변환할 수 있다.

④ 결국, AI를 잘 다루는 엔지니어가 기술개발의 주도권을 갖는다.

AI 초안의
검수와 보완

ChatGPT가 만들어주는 문서는 빠르고 정교하지만, 완성된 결과물이라고 보기에는 부족한 점이 있다. 문장은 매끄럽고 논리적이지만, 실제 데이터의 신뢰성이나 문체의 일관성, 산업 현장의 맥락과 같은 세밀한 감각은 아직 사람이 채워 넣어야 한다. AI는 초안을 만드는 도구이지, 최종 문서를 대신 써주는 존재가 아니다. **완성도 높은 문서는 결국 AI가 만들어낸 초안을 사람의 경험**

AI가 초안을 만들고, 사람이 완성한다

과 사고력으로 검수하고 다듬는 과정에서 완성된다.

나는 최근 1~2년 동안 정부과제 사업계획서를 작성할 때 AI를 적극적으로 활용하면서 이러한 현상을 자주 느꼈다. AI가 만들어 낸 글은 문법적으로나 구조적으로 흠잡을 데가 없지만, 그 속에는 '현장의 감정'과 '기획자의 의도'가 빠져 있는 경우가 많고, 때로는 AI인 게 너무 드러나는 예도 있다. 또한 문장은 완벽했지만, 설득력과 연관성이 부족했다. 따라서 AI를 통해 문장을 만들었다면, 사람은 그 문장에 맥락을 더해야만 한다. 결과적으로, 평가위원이 **"그래서 이 기술이 왜 필요한가?"라는 질문을 던졌을 때, 그에 대한 답은 오직 사람만이 쓸 수 있는 문장**이 되어야 한다.

AI가 만든 초안은 대체로 3가지 약점이 있다. 이 부분은 앞에서 이야기한 사업계획서 작성 시의 3가지 주의사항과 동일하다. 첫 번째는 데이터의 신뢰성이고, 두 번째는 문체의 일관성, 세 번째는 내부 정보 보호의 문제다. 대부분의 사람들은 ChatGPT와 사업계획서를 처음 작성하게 되면 이러한 우려사항을 그대로 보여주는 초안을 만들게 된다.

그러면 어떻게 하면 좀 더 완성도 높은 초안을 만들 수 있을까? 내가 작성하면서 느낀 점을 정리하면 다음과 같다.

첫째, **AI를 통해 글을 잘 쓰는 핵심은 기술의 문제가 아니라, 사용자의 통제력에 달려 있다.** 아무리 좋은 모델이라도 명령이 모호하면 결과는 흐릿해진다. 나는 항상 몇 가지 원칙을 지키며 ChatGPT와 글을 쓰려고 노력한다. ChatGPT는 대화가 길어질수록 문체와 규칙을 잊기 때문에, 새로운 절을 시작할 때마다 "문단은 붙이고, 단락은 줄 띄움, 첫 줄은 몇 자 들여쓰기, 글자체는 휴먼명조, 절마다 페이지는 A4 기준으로 2페이지 이내" 등과 같은 명령을 반복 입력한다. 명령은 설명문이 아닌 짧은 명령문으로 전달해야 하고, 주제가 바뀌면 "앞의 패턴 그대로 써줘"라고 다시 알려줘야 한다. 문체가 마음에 들 때는 "지금의 문체를 잠금 유지해"라고 명확히 지시하면 톤이 흐트러지지 않는다.

둘째, **ChatGPT는 예시보다 패턴을 훨씬 잘 학습한다.** 한두 문단의 샘플을 보여주면 문체, 문장 길이, 강조 습관까지 그대로 따라간다. 글이 길어져 집중도가 떨어질 때는 "지금까지 쓴 내용을 요약하고 이어서 써줘"라고 지시하면 AI가 다시 방향을 정리한다. AI는 종종 훌륭한 본문을 써놓고도 결론 요약을 생략하곤 하므로, "이 절의 핵심 요약을 마지막에 넣어줘"라고 직접 명시해야 한다. **결국, 좋은 AI 글쓰기란, 좋은 지시와 꾸준한 리마인드의 반복에서 나온다.**

셋째, AI가 만든 초안을 완성도 높은 문서로 발전시키기 위해서는 **철저한 검수 루틴을 반드시** 거쳐야 한다. **1단계는 '논리 검수'다.** 문장이 매끄럽더라도 논리적 비약이 있거나, 근거가 빈약한 부분이 있는지 꼭 정독해보고 반드시 다시 점검해야 한다. **2단계는 '사실 검수'다.** 수치나 기관명, 통계자료는 반드시 실제 데이터와 비교해야 한다. ChatGPT는 그럴듯한 문장을 만들 수는 있어도, 그 문장이 진짜인지는 판단하지 못한다. 물론 대부분의 자료들은 링크를 통해 사실 여부를 확인할 수 있지만, 링크 자체가 잘못 표현되는 경우도 많다. **3단계는 '문체 검수'**를 통해 전체 리들을 정리해야 한다. 문단의 길이와 문장 간의 호흡이 자연스러 운지, 단어의 사용이 일관적인지 확인하는 것이다. 특히 글자체, 글자 폭, 줄 간격, 글 형식 등은 AI가 쉽게 잊어버리는 항목이기 때문에 일관성을 유지해주기 위해 반복적으로 체크해줘야 한다.

ChatGPT를 단순한 '글쓰기 보조도구'로 바라보면 활용의 폭이 좁아진다. **나는 오히려 ChatGPT를 '공동 저자(co-author)'로 생각한다.** 내가 아이디어의 방향을 제시하면, AI는 그것을 구조화하고 언어로 정리해준다. 중요한 것은 AI에게 무엇을 시키는가가 아니라, 어떤 사고의 흐름을 함께 설계하느냐다. 가끔 너무 나답지 않고 기계적인 완벽한 느낌의 문장이 작성되면, 나는 내가 예전에 작성했던 여러 가지 사업계획서 및 문서들을 ChatGPT에게 업로드해주고, AI에게 "네가 작성한 내용은 너무 AI다운 문장이야. 동일한 내용을 내가 쓴 것처럼 느낄 수 있도록 첨부된 문서들을 참조해서 비슷한 패턴으로 써줘"라고 지시한다. 그러면 ChatGPT는 내가 학습시킨 나의 문서와 이전 책의 내용을 바탕으로 리듬과 규칙을 찾아내고, 이를 바탕으로 다시 작성하게 된다. 그러면 새로운 문장들은 리듬이 바뀌고, 내용이 훨씬 생생해진다. **즉, AI는 명령도 중요하지만, 어떻게 명령느냐보다 피드백을 얼마나 꾸준히 자세히 해주느냐에서 더 많이 학습하고 성장한다.**

결국, AI와 함께 작성한 사업계획서 초안의 검수와 보완이란 단순히 틀린 부분을 고치는 과정이 아니라, **AI가 만들어낸 '틀'을 바탕으로, 그 안에 인간의 감정과 논리를 다시 채워 넣는 일이다.** ChatGPT가 구조를 세운다면, 사람은 그 구조 안에 의미를 붙어 넣는다. AI는 글을 만드는 도구가 아니라, 생각을 정리하고 설득을 설계하는 또 다른 두뇌다. **AI를 잘 다루는 사람은 글을 쓰는 사람이 아니라, 결국 AI 사고를 잘 디자인하는 사람일 것이다.**

① ChatGPT의 초안은 완성이 아니라 출발점이다.

② AI가 구조를 세우면, 사람은 그 안에 맥락과 의미를 채운다.

③ 주기적인 명령과 피드백이 일관된 문체를 만든다.

④ AI는 글쓰기 도구가 아니라 사고를 구조화하는 공동 저자다.

⑤ 결국, AI를 잘 다루는 사람은 문장을 만드는 사람이 아니라 생각을 설계하는 사람이다.

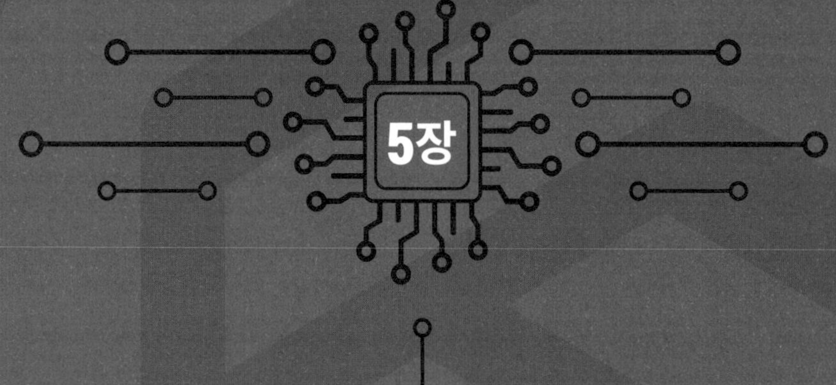

[AI 전략]
프롬프트 전략과 AI 사고법

AI를 더 똑똑하게 쓰기 위한
사고법과 대화 기술

좋은 프롬프트의
3요소

AI에게 명령을 내리는 일은 단순히 "무엇을 해달라"가 아니라, "어떻게 이해하고, 어떤 기준으로 판단하라"를 함께 전달하는 일이다. 나는 이것을 '명령의 기술'이라고 부른다. 회사에서 직원에게 지시를 내릴 때도 마찬가지다. 아무리 훌륭한 직원이라도, 배경 설명 없이 "이거 처리해"라고 하면 제대로 된 결과가 나오지 않는다.

좋은 프롬프트는 명확·충분·구체화에서 시작

회사에서 가장 신임이 가지 않는 상사는 어떠한 정보도 주지 않거나 일부 정보만 알려주고 일을 요구하는 사람이다. 잘 이해가 안 되어 재차 물어보면 "이해가 안 되냐?" 이런 식으로 자신의 이야기를 잘 못 알아듣는다고 한심해한다. 이런 상황에서는 상사의 의도에 맞는 결과가 나오기가 불가능할 것이다. 그러면 결과가 맞지 않는다고 상사는 화를 낼 것이다. 이런 상사는 제대로 된 명령을 내리기 힘들고, 좋은 피드백을 얻기 힘들다는 것을 여러분들은 알고 계실 것이다. AI도 똑같다. ChatGPT는 생각보다 똑똑하지만, 동시에 '지시받은 만큼만' 행동한다. 이상하게 명령하면 이상하게 대답하고, 정보가 적은 상태로 명령하면 제대로 된 정보량은 적을 것이다. 좋은 결과를 얻기 위해서는 충분한 시간을 두고 배경과 정보를 줘야 하고, 구체적으로 명령해야만 한다. 즉, **좋은 프롬프트란 명령을 명확하고 존중 있게 전달하면서, 충분한 사전 정보를 제공해 AI가 스스로 판단할 여지를 만들어주는 것이다.**

뿌리기술 산업에 종사하는 나는 내 주변의 사람들이 AI를 사용할 때 너무 막연하게 지시하는 모습을 봐왔다. "사업계획서 써줘", "요약해줘", "시장 분석해줘" 같은 말은 너무 단순하다. AI는 그 문장을 액면 그대로 받아들이기 때문에, 결국 인터넷에 공개된 일반적인 수준의 자료를 바탕으로 대답할 수밖에 없을 것이다. 이런 답변은 겉보기에 맞는 말처럼 보여도, 실제로는 깊이가 없다. 읽어보면 어딘가 공허함이 느껴지고 실제로 와닿지 않는 대답이 나올 뿐이다. 하지만 같은 명령이라도 "이 기술은 자동차용 경량 알루미늄 부품에 적용될 예정이고, 관련 산업은 전기차 시장이다.

2025년 글로벌 연간 전기차 판매 정보를 기반으로 경량 알루미늄 부품 시장의 성장률과 산업 기술 동향을 정리해줘”라고 하면, 전혀 다른 결과가 나온다. **좋은 프롬프트는 AI에게 단순한 ‘명령’이 아니라 ‘맥락을 이해할 수 있는 재료’를 함께 제공하는 것이다.**

그래서 나는 AI에게 지시를 내릴 때, 항상 3가지를 고려한다. **첫째는 맥락(Context), 둘째는 명령(Command), 셋째는 결과 형태(Output)다.** 이 3가지는 사람에게 일을 맡길 때와 같다. ‘누가, 왜, 무엇을, 어떻게’를 명확히 알려주는 것이다.

첫 번째, 맥락은 AI가 상황을 이해할 수 있게 해주는 배경 설명이다. AI는 내가 어떤 입장에 있는지, 어떤 산업에 종사하는지, 어떤 목표를 위해 글을 쓰는지를 알아야 제대로 사고할 수 있다. 예를 들어 “나는 중견 제조기업의 기술연구소에서 근무하고 있으며, R&D 과제용 사업계획서를 작성 중이다”라는 문장 하나만 추가해도 결과가 완전히 달라진다. 그 문장을 보고 AI는 자연스럽게 글의 어조를 공식 문서형으로 맞추고, 산업 분야에 적합한 용어를 선택한다. AI는 단어를 이해하는 것이 아니라 상황을 해석한다. 따라서 **배경을 풍부하게 설명할수록, 결과의 품질이 높아진다.**

두 번째, 명령의 명확성이다. 명령은 명료해야 하지만, 동시에 상대에 대한 존중이 담겨야 한다. 사람에게 일을 시킬 때도 “이거 해!”보다 “이 부분을 이렇게 처리해줄 수 있을까?”라고 말하면 더 정확한 결과가 나온다. AI도 마찬가지다. 예를 들어 “이 주제에 대한 자료를 찾아서 요약해줘”보다는 “이 주제에 대해 국내외 논문, 정부 보고서, 뉴스 기사 등 다양한 출처를 참고해서, 왜 이런 현상이 발생하는지를 단계적으로 설명해줘"라고 지시하는 것이 훨씬 좋은 결과를 만든다. AI는 단순히 '정보를 나열'하는 것이 아니라, '맥락을 분석하고 이유를 설명'하게 된다. 즉, **좋은 명령은 단호하지만 세련되어야 한다. 명확하지만 존중이 있어야 한다.**

세 번째, 결과의 형태 지정이다. AI는 글을 만드는 데는 능숙하지만, 사람이 원하는 결과 형식이 무엇인지는 알 수 없다. 따라서 "요약해줘"가 아니라 "핵심 내용만 세 문단으로 정리해줘", "표로 만들어줘", "사업계획서 본문 형식으로 구성해줘"처럼 결과의 구조를 미리 알려주는 것이 중요하다. **AI는 요청된 형식에 맞춰 논리와 문장을 배열하므로, 결과물의 완성도가 훨씬 높아진다.**

나는 개인적으로 AI를 사용할 때, 프롬프트를 던지기 전 항상 '사전 브리핑'을 한다고 생각한다. "너는 지금 나의 기술기획 파트너야. 우리는 자동차용 부품의 AI 자동검사 시스템을 개발 중이야. 이 내용을 정부 R&D 과제용 사업계획서로 정리해야 해. 이제 기술적 차별성과 개발목표를 구체적으로 써줘" 이런 식으로 배경을 설명하고 역할을 부여하면, AI는 마치 실제 팀원이 된 것처럼 움직인다. **AI는 단순히 명령받는 존재가 아니라, 함께 사고하는 협력자인 것이다.**

결국, **좋은 프롬프트를 만드는 일은 AI의 사고를 설계하는 일이다.** 명령은 단순한 지시가 아니라, 대화의 설계이자 사고의 프레임을 만드는 행위다. 사람에게 일을 맡길 때처럼, '이 일을 왜 해야 하는지, 어떤 결과를 기대하는지, 어떤 방식으로 해줬으면 하는지'를 충분히 설명하면, AI는 훨씬 더 정교하고 창의적인 답을 내놓는다. **결국, AI는 '잘 가르칠수록 더 똑똑해지는 동료'인 것이다.**

① 좋은 **프롬프트**는 명령의 기술이다.

② AI에게는 맥락, 명확성, 결과 형태의 3가지 요소가 동시에 필요하다.

③ 배경을 충분히 설명하고, 존중감 있는 명령으로 구체적인 목표를 제시해야

한다.

④ '무엇을 하라'보다는 '왜, 어떻게, 어떤 방식으로 하라'를 말해야 한다.

⑤ 결국, AI는 명령받는 대상이 아니라 사고를 함께 설계하는 파트너다.

프롬프트 설계의
고급 기법

AI를 제대로 다루기 위해서는 단순히 '무엇을 해달라'가 아니라, '어떻게 사고하라'를 설계해야 한다. 프롬프트 설계의 고급 기법은 바로 이 차이를 만들어내는 것이다. 5장의 01에서 말한 '좋은 프롬프트의 3요소(맥락·명령·결과 형태)'가 기초적 틀이라면, 고급 기법은 그 위에 '전략적 사고의 구조'를 덧씌우는 일이다. 즉, AI가 단순히 답을 주는 것이 아니라, 사람의 논리를 이해하고 그 논리

고급 프롬프트는 AI의 사고를 설계하는 기술이다

를 발전시키는 동료처럼 사고하도록 만드는 기술이다.

프롬프트 설계의 고급 기법을 한 문장으로 요약하자면 **'AI에게 역할과 목표를 명확히 부여하고, 사고의 흐름까지 지시하는 것'** 이다. AI에게 역할을 부여하면 관점이 생기고, 목표를 주면 사고의 방향이 정해진다. 예를 들어, "너는 30년간 디스플레이용 알루미늄 수냉판을 연구개발해온 기업의 연구소장이다. 특수용접법을 이용해 대형 알루미늄 냉각판을 개발하는 사업을 기획 중인데, 중소벤처기업부 R&D 사업계획서 양식에 맞춰 초안을 작성해줘"라고 프롬프트를 입력해보자.

(1) 단순 프롬프트

> 알루미늄 냉각판 사업계획서를 써줘.

ChatGPT 실제 답변

알루미늄 냉각판 사업은 전자기기, 산업기기, 반도체 냉각용으로 수요가 증가하고 있습니다. 이 사업은 알루미늄 소재를 활용해 냉각 효율을 높이고 경량화를 달성하는 것을 목표로 합니다. 주요 내용은 시장 분석, 제품 개요, 기술개발 방향, 사업화 전략, 기대효과 등으로 구성됩니다.

이 답변은 표면적으로는 사업계획서 형태를 띠지만, 내용은 매우 일반적이다. '누가, 어떤 기술로, 어떤 목표를 위해' 개발하는지에 대한 정보가 없어서 문장 구조가 교과서적이고, 구체적 실행력이 떨어진다. 실제로 이 수준의 답변은 R&D 과제 제출용 사업계획서로는 사용할 수 없다. 즉, 질문이 단순하면 결과도 단순하다.

(2) 고급 프롬프트

> 너는 30년간 디스플레이용 알루미늄 냉각판을 연구개발해온 기업의 연구소장이다. 특수용접법을 이용해 대형 알루미늄 냉각판을 개발하는 사업을 기획 중인데, 중소벤처기업부 R&D 사업계획서 양식에 맞춰 초안을 작성해줘.

ChatGPT 실제 답변

① 사업 개요

이 사업은 디스플레이용 대형 냉각 시스템의 고효율화를 위해 알루미늄 냉각판의 내열·내압 특성을 강화하는 특수용접기술을 개발하는 것을 목표로 함.

② 기술개발목표

기존 브레이징(Brazing) 방식의 약점을 보완하기 위해 TIG+FSW(마찰교반용접) 복합공법을 적용해, 냉각 효율 20% 이상 향상 및 제조비용 15% 절감을 달성함.

③ 연구개발내용

- 고열전도 알루미늄 합금(AA6061) 기반 용접 샘플 제작
- 내부 유로 설계 및 냉각 성능 시뮬레이션
- 대형 플레이트 일체형 냉각모듈 시제품 제작
- 열변형 최소화를 위한 용접 속도/토크 최적화 연구

④ **기대효과**

- 디스플레이 냉각장치의 온도 균일도 ±1.5℃ 이내 확보

- 고출력 장비용 냉각 솔루션의 국산화 및 수입 대체 효과

- 2026년까지 매출 30억 원, 수출 10억 원 달성 목표

동일한 ChatGPT지만, 프롬프트에 맥락과 역할을 주면 전혀 다른 결과가 나온다. AI는 스스로 '30년 경력 연구소장'의 시점에서 생각하게 되고, 문체 또한 기술 중심＋전략 중심＋정부사업 양식 구조로 변한다. 즉, AI에게 상황을 부여하면, 그 상황에 맞는 사고의 틀을 자동으로 구성할 수 있다.

예시에서 확인한 것처럼, 단순히 '알루미늄 냉각판 사업계획서를 써줘'라고 하는 것보다 훨씬 더 정확하고 전문적인 결과가 나왔다. AI는 자신이 맡은 역할의 맥락에 따라 언어 선택, 논리 구조, 문장 흐름을 자동으로 조정할 수 있는 것이다. **이러한 프롬프트를 우리는 '상황 시뮬레이션(prompt simulation)'이라고 부른다.** 즉, AI가 단순한 답변자가 아니라 특정 전문가의 사고를 모사하는 손재로 전환되는 것이다. '30년 경력의 연구소장'이라는 설정은 AI에게 기술적 언어의 깊이와 현장감 있는 표현을 부여한다. 여기에 "정부과제 평가자가 읽기 쉽게 작성하라"라는 추가 지시를 넣으면, AI는 기술 전문성과 행정 문체의 균형을 동시에 맞춘다. 이처럼 **고급 프롬프트는 하나의 명령 안에서도 역할(Role), 대상(Target), 표현방식(Style)을 동시에 설정하는 것이 핵심이다. 프롬프트의 깊이를 한 단계 더 끌어올리려면, '사고의 경로를**

지시하는 명령'을 포함해야 한다.** 예를 들어, "이 기술이 필요하게 된 사회적 배경을 먼저 설명하고, 다음 문단에서 기술적 차별성을 정리한 뒤, 마지막에는 산업적 파급효과를 서술하라"처럼 단계별 구조를 지정하는 것이다. 이렇게 하면 AI는 논리의 흐름을 따라가는 글을 만들어낸다. 반대로 구조가 없는 질문은 AI가 '답변만' 하려 하므로, 글의 전개가 산만해지거나 중복되기 쉽다. AI에게 답을 쓰게 하지 말고, 논리를 설계하게 해야 한다. 예를 들어, 다음의 경우를 살펴보자.

(3) 단순 프롬프트

> 이 기술적용에 대해 설명해줘.

ChatGPT 실제 답변

알루미늄 냉각판 기술은 최근 산업 분야에서 많이 활용되고 있습니다. 다양한 냉각 방식 중 알루미늄은 가벼우면서도 열전도율이 높기 때문에 효율적인 소재로 평가됩니다. 앞으로 전기차, 반도체, 디스플레이 분야에서 수요가 증가할 것으로 예상됩니다. 이러한 기술은 산업 경쟁력 향상에 기여할 것입니다.

이 답변은 얼핏 보면 자연스럽지만, 구체적이지 않다. '왜 이 기술이 필요한가?', '무엇이 다른가?', '어떤 산업적 영향을 미치는가?'가 모두 빠져 있다. 핵심 논리 구조가 없으니, 문장은 정보 나열 수준에 그친다. 즉, ChatGPT는 질문자가 논리의 틀을 주지 않으면 단편적 문장만 나열하는 수준에 머무르게 된다.

(4) 고급 프롬프트

> 이 기술이 필요하게 된 사회적 배경을 먼저 설명하고, 다음 문단에서 기술적 차별성을 정리한 뒤, 마지막에는 산업적 파급효과를 서술해줘.

ChatGPT 실제 답변

① 사회적 배경

최근 데이터센터와 전기차 배터리 산업이 급격히 성장하면서 고열 환경에서의 열관리 문제가 산업 전반의 공통 과제가 되고 있다. 특히 반도체 및 디스플레이 제조 라인에서는 장비 내부의 온도 편차가 생산 품질에 직접적인 영향을 주기 때문에, 안정적 냉각 시스템 구축이 기업 경쟁력의 핵심 요소로 부상했다.

② 기술적 차별성

이 기술은 기존 브레이징(Brazing) 접합 대신, 마찰교반용접(FSW) 기반의 알루미늄 일체형 냉각판을 적용해 내열·내압 특성을 향상시키고 냉각 효율을 20% 이상 개선했다. 또한, 기존 다판 구조의 용접 취약부를 제거함으로써 장비 수명을 연장하고, 대형화된 냉각 구조에도 균일한 온도 분포를 확보할 수 있다.

③ 산업적 파급효과

이 기술은 반도체 및 전기차용 냉각시스템의 열관리 비용 절감과 장비 효율 극대화를 동시에 달성할 수 있어, 관련 산업의 생산성 향상에 직접적인 기여가 가능하다. 나아가, 향후 고출력 에너지 장비와 친환경 설비 산업으로의 확장이 기대되며, 국내 냉각장치 산업의 기술 자립도 제고에도 큰 역할을 할 것이다.

똑같은 ChatGPT지만, 프롬프트에 '구조'가 주어지니 답변의 밀도가 완전히 달라졌다. 단순한 정보 나열이 아니라, '배경 → 기술 → 파급효과'의 논리적 흐름이 생기면서 실제 R&D 사업계획서의 한 항목처럼 읽히게 된다. 즉, '무엇을 써라'보다 '어떤 순서로 사고하라'라는 지시를 받을 때, 사고의 틀을 따라 문장을 재구성하는 능력을 발휘한다.

또 다른 고급 기법은 '메타 프롬프트(meta-prompt)', 즉 AI가 스스로 자신의 사고 과정을 점검하게 만드는 것이다. 나는 종종 "지금 작성한 사업계획서 초안에서 논리적으로 부족하거나 평가자가 의문을 가질 만한 부분을 스스로 찾아내고 보완하라"라고 지시한다. 그러면 AI는 자신이 쓴 문장을 분석하며 "기술개발 목표의 측정지표가 모호합니다", "시장 진입 전략의 구체성이 부족합니다"처럼 스스로 피드백을 준다. 이 과정을 한두 번 반복하면, 사람이 검수하기 전에 이미 AI 스스로 품질을 끌어올린 문서를 얻게 된다.

AI에게 프롬프트를 설계할 때 중요한 것은 '의도를 숨기지 않는 것'이다. "이 사업계획서는 정부 평가위원에게 설득력 있게 보이도록 작성해야 한다. 따라서 기술 내용은 간결히 하고, 시장성과 파급효과를 강조하라"처럼 구체적인 의도를 밝히면, AI는 단어 선택부터 문단 길이까지 조정한다. 인간의 글쓰기에서는 의도를 숨기는 것이 미덕일 때도 있지만, **AI와의 대화에서는 투명성이 곧 효율성이다.**

또 하나의 고급 기법은 '자료형 프롬프트(Data-based Prompt)'

다. 이는 AI가 인터넷상의 오픈데이터만 활용하지 않도록, 직접 관련 자료를 업로드하거나 구체적으로 지시하는 방식이다. 예를 들어 "첨부된 '알루미늄 냉각판 R&D 사업계획서 양식'을 기반으로 본문 구조를 설계하라" 또는 "국내외 열전도율 향상기술 관련 논문을 참고해 핵심기술 내용을 정리하라"라고 명령하면, AI는 해당 문서의 구조나 내용을 학습해 실제 양식에 맞춘 결과물을 만들어낸다. **AI는 문서를 읽을 수 있지만, 방향은 사람이 정해야 한다.**

이처럼 프롬프트 설계의 고급 기법은 단순히 명령을 복잡하게 만드는 것이 아니라, **AI의 사고를 단계별로 정렬하고, 스스로 검증할 수 있도록 해준다.** AI에게 단순히 "써줘"라고 하는 대신, "자료를 분석하고 구조를 설계한 뒤, 초안을 작성하고 검토하라"라고 지시하면, 한 번의 프롬프트로 '작성 → 검수 → 보완'이 통합된 완성형 결과를 얻을 수 있다. 결국 고급 프롬프트란, AI에게 단순한 일 처리를 시키는 것이 아니라, ChatGPT에게 **'사고의 시나리오'를 제공하는 일**이다. 역할을 부여하고, 목표를 명확히 하고, 논리의 순서를 제시하면, AI는 마치 오랜 경력의 전문가처럼 사고한다. **AI를 잘 쓰는 사람은 명령을 많이 하는 사람이 아니라, 한 번의 명령에 모든 의도를 담는 사람이다.**

① 고급 프롬프트는 단순한 명령이 아니라 사고의 설계다.

② 역할(Role), 대상(Target), 표현방식(Style)을 동시에 설정하라.

③ AI에게 '답'을 요구하지 말고, '사고의 흐름'을 지시하라.

④ 메타 프롬프트를 활용해 AI가 스스로 품질을 점검하도록 만들어라.

⑤ 좋은 프롬프트 한 줄은 열 번의 수정보다 강력하다.

현장 실무형 프롬프트
예시

프롬프트 전략의 진짜 가치는 현장에서 드러난다. 이 장에서는 개념적인 설명을 넘어, **실제로 기업 현장에서 바로 사용할 수 있는 AI 지시문의 구조와 예시를 정리**해본다. 단순히 '어떻게 써야 한다'가 아니라, **어떤 상황에서 어떤 방식으로 말을 걸어야 AI가 가장 똑똑하게 답변하는가를 중심으로 설명**하려고 한다. AI는 결국 언어로 사고하는 도구이기 때문에, 문장 하나의 구조가 전체

AI는 현장의 프롬프트에게 배운다

결과의 품질을 바꾼다.

나는 ChatGPT를 유료 구독한 이후 2년 동안 거의 매일 사용해왔고, 일상적인 이야기부터 각종 연구기획, 사업계획서, 연구개발 보고서 등을 AI와 함께 작성하면서 느꼈다. 'AI는 내가 지시한 패턴대로 분석하고, 추론하며, 답변하는구나.' 즉, **나의 질문이 구조화되어 있으면 결과도 구조적이고, 질문이 흐릿하면 답도 막연하다.** 그래서 실무형 프롬프트를 만들 때는 3가지 기본 원칙을 항상 적용하기를 추천한다.

① 역할과 목표를 명확히 설정하고, ② 참고자료나 근거를 제공하며, ③ 결과물의 형식과 논리 흐름을 지시한다. 이 세 단계만 정확히 지키면, AI는 단순한 답변을 넘어 실무 보고서 수준의 결과를 낸다.

예를 들어, 창업기업이 정부과제용 사업계획서를 작성한다고 가정해보자. 단순히 "AI 기반 제조데이터 분석 플랫폼 개발 사업계획서를 작성해줘"라고 하는 대신 다음처럼 말할 수 있을 것이다.

"너는 10년 경력의 AI제조 관련 전문가이며, 동시에 창업 컨설턴트이자 정부사업 평가위원이야. 현재 내가 작성 중인 창업 아이템은 AI 기반 제조데이터 분석 플랫폼이며, 금형온도와 주조불량의 상관관계를 분석해 활용하는 방식이야. 예비창업패키지 사업계획서 양식에 맞춰 초안을 작성해야 해. 첨부된 PDF 파일에 있는 평가항목과 사업계획서 양식을 참고해서, 항목별로 핵심 포인트를 중심으로 서술해줘. 내용은 A4 기준 3장 정도, 문체는 공식적인 제안서 스타일로 해줘."

이 한 문장 안에는 역할, 목표, 형식, 분량, 스타일 등 모든 조건이 들어 있다. AI는 이 구조를 그대로 따라 문서를 짠다. **좋은 프롬프트란 명령이 아니라 '사고의 설계도'라는 말이 여기서 드러난다.** 이로 인한 결과의 차이를 살펴보자.

(1) 단순 프롬프트

ChatGPT 실제 답변

이 사업은 AI 기술을 이용해 제조데이터를 분석하고 불량률을 개선하는 플랫폼을 개발하는 것을 목표로 한다. 주요 내용은 사업 개요, 기술개발계획, 시장 전망, 기대효과로 구성된다. AI 모델을 활용해 제조공정 데이터를 수집하고 분석함으로써 효율을 높이고 품질을 향상시킬 수 있다. 향후 다양한 산업에 적용 가능하며, 매출 증대와 경쟁력 강화에 기여힐 것으로 기대된다.

문장 자체는 매끄럽지만, 내용의 깊이가 전혀 없다. 누가, 왜, 어떤 방식으로, 어떤 기준에 맞춰 작성해야 하는지가 빠져 있으니 단순히 '일반적인 사업소개 요약문'에 불과하다.

사업계획서의 형식적 틀(사업목표, 기술개발목표, 추진 전략, 기대효과 등)은 모방했지만, 정부지원사업의 평가항목이나 실제 사업화 관점을 반영하지 못한다.

(2) 고급 프롬프트

ChatGPT 실제 답변

① 기술 도입의 사회·산업적 배경

제조산업은 최근 급격한 인건비 상승, 숙련 인력 부족, 품질 요구 수준의 고도화라는 복합적인 환경 변화에 직면해 있다. 특히 금형 기반 사출 및 주조 산업은 공정조건의 미세한 변화에도 불량률이 급격히 변동하는 특성이 있으나, 이러한 변화를 여전히 작업자의 경험에 의존해 관리하는 경우가 많다. 이로 인해 동일한 설비와 금형을 사용하더라도 작업자별·시간대별 품질 편차가 발생하고, 불량 원인을 사후적으로 추적하는 데 많은 시간과 비용이 소요되고 있다.

한편 정부는 스마트제조혁신, 데이터 기반 제조혁신, AI 활용 고도화를 핵심 산업 정책 방향으로 설정하고 있으며, 제조현장에서 생성되는 방대한 공정 데이터를 활용한 품질 예측 및 공정 최적화 기술의 필요성이 지속적으로 증가하고 있다. 이러한 환경 변화 속에서 제조데이터를 체계적으로 분석하고, 불량을 사전에 예측할 수 있는 AI 기반 분석 플랫폼의 필요성이 대두되고 있다.

② 기술적 차별성 및 핵심 경쟁력

본 사업에서 개발하고자 하는 AI 기반 제조데이터 분석 플랫폼은 기존의 단순 통계 분석이나 사후 불량 분석 방식과 명확한 차별성을 가진다. 기존 방식은 개별 공정 변수(금형온도, 사출속도, 냉각시간 등)를 단편적으로 분석하거나, 불량 발생 이후 원인을 추정하는 데 그쳤다면, 본 기술은 다변량 데이터를 통합적으로 학습해 공정 조건 간 상관관계와 불량 발생 패턴을 AI 모델로 구조화한다는 점에서 차별화된다.

특히 금형온도 변화와 불량 발생 간의 비선형적 관계를 머신러닝 기반으로 학습함으로써, 단순 임계값 관리가 아닌 불량 발생 가능성을 사전에 예측할 수 있으며, 작업자에게 최적 공정조건을 실시간으로 제안할 수 있다. 또한 본 플랫폼은 특정 설비나 제조방식에 종속되지 않고, 다양한 제조현장 데이터 구조에 유연하게 적용할 수 있도록 모듈형 구조로 설계되어 중소 제조기업에서도 손쉽게 도입·확장이 가능하다는 장점이 있다.

③ 산업적 파급효과 및 정책 연계성

본 기술이 상용화될 경우 제조현장에서는 불량률 감소, 공정 안정성 확보, 품질 편차 최소화라는 직접적인 효과를 기대할 수 있다. 이는 곧 원가 절감과 납기 신뢰도 향상으로 이어지며, 중소 제조기업의 경쟁력 강화에 실질적으로 기여할 수 있다. 또한 숙련 작업자의 경험에 의존하던 공정관리 방식을 데이터와 AI 기반의 표준화된 의사결정 구조로 전환함으로써, 인력 교체나 숙련도 차이에 따른 리스크를 크게 줄일 수 있다.

정책적으로도 본 기술은 중소벤처기업부의 스마트제조혁신 정책, 데이터 기반 서비스 산업 육성 전략, AI 활용 제조혁신 기조와 부합하며, 향후 정부 R&D 사업 및 스마트공장 고도화 사업과의 연계 가능성이 높다. 장기적으로는 제조데이터 자산화와 AI 기반 공정 최적화 기술의 확산을 통해 국내 제조업 전반의 디지털 전환을 가속화하는 핵심 기반 기술로 자리매김할 수 있을 것으로 기대된다.

④ 시장성 및 사업화 전략

대상 시장은 다이캐스팅, 금형주조, 반도체 패키징 분야 등으로, 초기에는 자동차 및 알루미늄 부품 제조기업 50여 곳을 주요 타깃으로 설정한다. 향후 SaaS 기반 플랫폼 모델로 전환해 데이터 구독형 서비스 시장 진입을 목표로 한다.

⑤ 기대효과

- 불량률 30% 이상 감소 및 공정가동률 15% 향상
- 품질 관리 인력 20% 절감 → 인건비 절감 효과
- 중소제조업의 디지털 전환 가속 및 스마트제조 고도화 생태계 조성 기여

이 결과처럼 질문자가 프롬프트의 역할 설정·맥락·형식 지정을 추가하자 답변이 정부사업 평가기준에 부합하는 구조로 바뀌었다. 이제 이 내용을 바탕으로 사업계획서 세부 내용을 자세히 작성하면 전체적인 시나리오가 일관성을 가질 수 있을 것이다. 즉, AI는 단순히 정보를 생성하는 것이 아니라, 프롬프트 속 '나의 역할과 목표'를 인식하고 그 관점에서 사고한다. 따라서 AI에게 역할을 부여하고, 목적과 형식을 명확히 제시하면 결과는 '설명문'이 아닌

‘제안서 초안’으로 변한다.

현장에서는 기술개발 아이템, 시장 분석, 사업화 전략 등 다양한 업무가 동시에 진행되기 때문에, 하나의 프롬프트로 전부를 커버하기 어렵다. 그래서 나는 주제를 세분화해 각각의 역할형 프롬프트를 나눈다. 예를 들면 다음과 같다.

① **기술 아이템 도출용 프롬프트** : "너는 20년 경력의 자동차 소재 전문가이자 기술기획자야. 최근 자동차 경량화 시장의 주요 기술 트렌드를 바탕으로, 중소기업이 진입할 수 있는 신규 아이템 3가지를 제시해주고, 그 이유를 단계적으로 알기 쉽게 설명해줘."

② **시장 분석용 프롬프트** : "너는 산업통상자원부 보고서를 작성하는 시장 분석가야. 첨부된 자료를 기반으로, 2025년 전기차용 알루미늄 부품 시장의 성장률과 경쟁사 동향을 정리하고, 2026년에 개발이 필요한 핵심기술 및 제품군들을 제시해주고 그 배경도 함께 설명해줘."

③ **사업화 전략용 프롬프트** : "너는 투자 유치 전문가이자 경영 전략가야. 우리 회사가 기술개발 후 3년 내 매출 300억 원을 달성하기 위한 로드맵을 연 단위별로 해서 단계적으로 수립해줘. 그리고 이를 위한 단계별 마케팅 전략과 인력구성을 표로 제시해줘."

이처럼 역할과 목표가 명확히 주어진 프롬프트는 AI의 사고 범위를 좁혀주고, **실무자가 실제로 보고서에 붙여 쓸 수 있는 수준의 구체적인 문장을 생성할 수 있다.** 특히 정부과제, R&D 사업계획서, 기술보고서처럼 정해진 형식이 있는 문서는 '양식형 프롬프트'를 사용하는 것이 효과적이다. 예를 들어 "첨부된 연구개발계획서 양식의 2.2 기술개발내용 항목을 채워줘. 사업목표와 수행기간을 고려해 3단계 추진 전략으로 구분해줘"라고 하면, AI는 자동으로 문단 구조를 맞춰준다.

실무형 프롬프트에서 또 하나 중요한 포인트는 정보의 신뢰성 관리다. AI는 공개 데이터를 기반으로 하므로, 기술적 수치나 시장 규모는 반드시 사람의 검증이 필요하다. 그래서 나는 프롬프트 마지막에 "AI가 제시한 수치의 출처나 논리를 명시하라"라는 문장을 추가한다. 그러면 AI는 답변 후 "이 자료는 2024년 산업통상자원부 보고서를 기준으로 작성되었습니다"처럼 근거를 남긴다. 그러면, 사용자가 그 근거가 옳은지를 링크를 통해 확인하면 된다.

즉, 프롬프트의 힘은 결국 사고의 정교함에 비례한다. 즉, 생각이 구체적일수록 AI의 답도 구체적이다. 현장의 업무에서 실무형 프롬프트를 활용하면, 보고서 초안을 작성하는 시간은 줄이고, 검수와 수정에 집중할 수 있다. 이 방식은 단순히 효율을 높이는 차원을 넘어, 사람과 AI의 사고방식을 통합하는 새로운 일의 방식으로 자리 잡고 있다.

① 실무형 프롬프트는 현장의 언어로 AI를 움직이는 기술이다.

② 역할·목표·형식·근거를 함께 제시하면 AI는 전문가처럼 사고한다.

③ 양식형 문서에는 단계·분량·문체를 명시하는 것이 가장 효과적이다.

④ AI의 사고는 질문의 정교함에 비례한다.

⑤ 결국, 좋은 실무형 프롬프트는 한 줄의 명령으로 한 사람의 사고를 재현하는 기술이다.

프롬프트 사고법
- AI와 '같이 생각하기'

AI를 잘 다루는 사람은 결국 AI와 '같이 생각할 줄 아는 사람'**이다. 단순히 명령을 내리는 사람이 아니라, 사고의 파트너로서 AI를 다루는 사람이다.** 지금까지 살펴본 5장 01의 '좋은 프롬프트의 3요소'가 '기초 대화의 문법'을 세운 것이고, 5장 02의 '고급 기법'이 그 문법 위에 사고의 구조를 덧씌운 것이라면, 5장 03의 '실무형 프롬프트 예시'는 그것을 현실의 언어로 구현한 단계였

AI를 도구가 아닌 동료로 대하라

다. 그리고 이제 이 모든 과정을 묶어주는 마지막 단계가 바로 'AI 와 같이 생각하기', 즉 프롬프트 사고법(prompt thinking)이다.

AI와 같이 생각한다는 것은 AI에게 모든 답을 맡기는 것이 아니라, **AI의 사고 흐름을 따라가며 인간의 사고를 확장하는 것이다.** 나는 이 과정을 '공동 사고(Co-thinking)'라고 부르고 싶다. 우리가 AI에게 명령을 내리는 이유는 단순히 일을 시키기 위함이 아니다. 사실상 **AI가 우리 대신 생각하게 만들고, 그 과정을 통해 우리 자신도 더 깊이 사고하게 만드는 것이다.** 그래서 나는 프롬프트를 작성할 때마다 이렇게 자문한다. '나는 지금 AI에게 무엇을 시키고 있는가?'가 아니라, '나는 지금 AI와 함께 어떤 사고를 설계하고 있는가?'라고 말이다.

AI와 함께 사고하기 위해서는 먼저 AI의 한계를 명확히 이해해야 한다. AI는 인간처럼 '경험'이나 '감정'을 기반으로 판단하지 않는다. 대신, 패턴과 확률에 따라 가장 가능성 높은 답을 제시한다. 이 점을 명확히 인지해야만 진짜 협업이 가능하다. **AI는 인간의 생각을 보완하는 존재이지, 대체하는 존재가 아닌 것이다.** 사람은 직관과 맥락을 통해 가능성을 높이고, AI는 방대한 데이터를 통해 그 가능성을 검증한다. 서로의 강점을 합치면, 인간은 사고의 깊이를 유지하면서 속도를 높일 수 있는 것이다.

'AI와 같이 생각하기'는 결국 AI의 언어적 사고 구조를 인간의 논리적 사고 구조에 맞추는 과정이다. 예를 들어 '이 사업 아이템이 시장에서 성공할 가능성이 높을까?'라는 질문은 너무 추상적이다. 왜냐하면, 이런 질문을 받은 AI는 답을 찾기 위해 '성공의 기준'을 스스로 정의해야 하는데, 그러다 보면 결과는 막연해진다. 하지만 "이 사업 아이템의 시장 성공 가능성을 판단하기 위해, 시장 규모·기술경쟁력·진입장벽의 3가지 기준으로 각각 분석하고 결론을 내라"라고 말하면 AI는 논리적 사고 순서를 따라 정확히 사고한다. 즉, **프롬프트 사고법이란 'AI의 생각을 사람의 논리 위에 올려놓는 기술'이다.**

나는 AI를 사용할 때 항상 2가지 단계를 거친다. **첫째, AI에게 사고의 방향을 정해준다.** "이 문단의 목적은 기술의 필요성을 강조하는 것이다", "이 절에서는 시장성보다 기술적 차별성을 부각해야 한다"처럼 글의 목적과 맥락을 알려주는 것이다. **둘째, AI의 사고 과정을 점검한다.** "지금 작성한 내용에서 논리적으로 부족한 부분을 찾아 수정해줘", "이 문단의 논리 흐름을 사람이 읽기 쉽게 다시 정리해줘"라고 지시하면, AI는 스스로 내용을 분석하고 다시 사고를 논리적으로 재정렬한다. 이런 과정을 통해, AI는 단순히 글을 쓰는 도구에서 '함께 사고하는 존재'로 진화하는 것이다.

AI와 같이 사고하기 위해서는 '대화의 깊이'를 높여야 한다. 단한 번의 프롬프트로 완성된 결과를 얻을 수는 없다는 것은 앞에서도 수없이 이야기했다. 한 번의 지시로 내가 원하는 결과를 얻을 수 없다는 것을 이해해야 한다. 마치 후배에게 일을 가르치듯, AI에게도 반복적으로 맥락을 설명하고 피드백을 줘야 한다. "이 것은 너무 일반적이야. 우리 산업의 특성을 반영해서 다시 써줘", "정부 평가위원이 읽는다는 전제로 문장을 다듬어줘" 이런 피드백을 주면, AI는 대화 속에서 나의 사고 패턴을 학습한다. AI를 잘 다루는 사람은 명령을 줄이는 대신 피드백을 늘린다.

AI와 공동 사고를 하려면 AI를 게임 속 캐릭터처럼 '나의 또 다른 버전'으로 키워야 한다. 더 강하고 더 똑똑하며, 더 나 같은 AI를 만들기 위해서는 매일 ChatGPT와 대화하고, 정보를 주며, 의견을 교환해야 한다. 마치 게임 속 캐릭터를 매일 성장시키듯이, 대화와 반복을 통해 AI는 점점 내 생각 패턴을 닮아가는 것이다. 그렇게 학습된 AI는 결국 내가 말하지 않아도 내 의도를 이해하고, 내가 바라는 방향으로 답을 만들어내기 시작한다. **AI는 멀리 있는 기술이 아니라, 매일 나와 함께 성장하는 '또 하나의 나'다.**

또한, **AI와 공동 사고를 하려면 AI를 '결과를 만드는 도구'가 아니라 '생각을 조율하는 동료'로 대해야 한다.** "이건 네 생각으로는 어떤 점이 부족하다고 보이니?"처럼 AI에게 질문을 던지면, AI는 단순히 답을 내는 것이 아니라 스스로 점검하며 사고를 확장한다. 그리고 AI와 다양한 이야기를 나눌 수 있어야 한다. 나는 종종 AI에게 "지금 작성한 이 문서에서 보완해야 하는 부분이 있다면 지적해줘"라고 말한다. 그러면 AI는 내 논리의 빈틈을 짚어준다. 이것이야말로 인간과 AI의 이상적인 협업 방식일 것이나.

결국 프롬프트 사고법의 핵심은 'AI에게 생각시키는 법'을 배우는 것이다. 명령은 짧게, 맥락은 풍부하게, 피드백은 구체적으로. 이것이 AI와 같이 생각하기 위한 최소한의 원칙이다. AI는 명령에 반응하지만, 피드백에 진화한다. 우리가 AI에게 계속 대화를 걸고 사고의 틀을 만들어줄 때, AI는 단순한 도구를 넘어 또 하나의 두뇌로 자리 잡는다.

① **프롬프트** 사고법은 AI에게 생각을 시키는 기술이다.

② AI와의 협업은 명령이 아니라 사고의 구조를 함께 설계하는 과정이다.

③ 명령은 짧게, 맥락은 풍부하게, 피드백은 구체적으로.

④ AI는 명령에 반응하지만, 피드백에 진화한다.

⑤ AI와 같이 생각한다는 것은 결국, 인간의 사고를 확장하는 또 다른 형태의

학습이다.

[AI 확장]
AI로 정부사업과 산업을 연결하고 혁신하기

AI를 활용해 신규 사업을 기획하고,
제조혁신을 설계하는 단계

AI로 새로운 정부사업을 구상하고
타당성 검토하기

좋은 정부과제를 기획하기 위해서는 탁월한 기획 능력이 필요하다. 정책의 방향을 정확히 알고 있는 기획자는 현재 산업이 원하는 개발목표를 찾아낼 수 있고, 이를 바탕으로 정부과제 수탁 및 개발, 양산까지 이어지게 할 힘을 가지고 있다. 하지만, 그런 우수한 기획자는 흔하지 않다. 나 역시 많은 정부과제를 기획했지만, 자주 바뀌는 정부사업 방향, 시스템, 주력 육성부품 등으로 인

한 변화에 대응하기가 쉽지 않음을 매년 느낀다.

하지만 이제는 ChatGPT와 같은 AI로 인해 변화에 빠르게 대응하면서 더욱 우수한 과제기획을 할 수 있게 되었다. **나이가 들어감에 따라 나의 기억력과 순발력이 조금씩 떨어지고 있음을 느끼고 있는 지금, ChatGPT가 함께하고 있기에 나는 20~30대 때보다 더 활발히 움직이고, 더 많은 아이디어를 가지고 사업화 기획을 할 수 있게 되었다.**

AI는 이제 정부사업의 단순한 조력자가 아니라, 함께 사고하고 방향을 설계하는 기획자다. 예전에는 하나의 정부사업을 기획하기 위해 수많은 인력이 필요했고, 기획자는 자료를 수집하고 정리하는 데 대부분의 시간을 쏟았다. 산업 리포트를 검토하고, 유사사업의 과거 공고문을 분석하고, 트렌드를 예측하는 일은 수일, 때로는 수주가 걸렸다. 하지만 지금은 단 1명이 ChatGPT를 옆에 두고, 몇 시간 만에 사업의 윤곽을 잡는다. 사람의 손으로 수많은 정보를 엮던 시절에는 '시간이 곧 실력'이었다면, 지금은 'AI를 얼마나 잘 활용하느냐?'가 결과의 품질을 결정한다. **AI는 일을 대신해주는 도구가 아니라, 사고의 속도를 바꾸는 기술이다.**

예전에는 새로운 정부사업을 구상하는 과정이 매우 복잡했다. '친환경 세제를 만드는 사업을 하려는데, 요즘 ESG가 중요하니까 정부지원사업을 찾아봐야겠다'라고 생각했더라도, 어디서 찾아야 할지, 어떤 기관이 적합할지, 어떤 주제가 핵심인지를 정확히 파악하기란 쉽지 않았다. 그래서 대부분의 창업자나 중소기업 대표는 한동안 공고문을 검색하며 시간을 보내고, 관련 전문가를 찾아다니며 자문을 구했다. 때로는 주제를 정하기까지 한 달이 걸리기도 했다. 그렇게 어렵게 정한 주제라도 막상 제안서를 작성하고 나면 정부가 중점적으로 추진하는 사업 방향과 다른 경우가 많았다. **사람은 경험으로 방향을 잡지만, 정책의 흐름을 읽어내기에는 한계가 있다.**

그런데 ChatGPT를 활용하면 상황은 완전히 달라진다. "나는 친환경 세제를 개발 중인데, ESG나 녹색산업 관련 정부사업 중 어떤 주제가 내 사업과 가장 잘 맞을까?"라고 질문하면, AI는 단 몇 초 만에 수천 건의 정책데이터와 산업 리포트를 분석해 결과를 정리한다. '① 생활화학제품의 탄소저감 기술개발, ② 생분해성 원료의 산업화, ③ ESG 제조공정 전환 기술' 같은 구체적인 주제를 제시하며, 주제마다 정부의 중장기 계획과 정책성 부합 정도를 함께 보여준다. 예전이라면 몇 주가 걸렸던 주제 설정이 이제는 단 몇 분 만에 끝나는 것이다. AI는 단어를 던지는 것이 아니라, 그 단어가 가지는 구조적 의미를 연결해서 보여줄 수 있는 것이다. 즉, 'ESG'라는 키워드를 보더라도 단순히 친환경 개념으로 끝내지 않고, 에너지 절감, 공정 효율화, 탄소저감이라는 기술 트리로 확장해 해석한다. 그래서 **창업자나 기업 담당자가 스스로는 생각하지 못했던 새로운 사업의 방향까지 발견하게 된다.** AI는 사람이 느끼는 막연한 아이디어를 구조화된 기획의 언어로 바꿔준다.

한 가지 예를 들어보자. 대부분의 사람들은 대상 과제를 선정할 때 다음과 같이 사업의 취지를 이해하지 못하는 경우가 많다.

"우리 회사의 무산소동 특수용접기술의 용접불량률을 줄일 수 있는 특별한 AI 공정을 개발하려 한다. 스마트제조혁신사업으로 진행할 수 있을 것 같기는 한데, 정확하게 사업의 취지에 부합하는지 모르겠네."

이러한 고민의 내용에는 하고 싶은 일의 방향은 담고 있지만, 기업의 개발내용이 그 사업에 부합되는지를 모른다. 과제기획을 위해서는 이 부분이 디테일하게 구체화되어 있어야 한다. 그리고 이러한 내용들이 정책 기획자나 평가위원의 입장에서 기업의 목적과 정부사업의 목적이 연결되는 것을 판단할 수 있어야 한다. 사람이 고민해야 되는 부분을 AI에게 물어보면 다음과 같이 기획해준다.

"우리 회사의 무산소동 FSW 용접데이터를 기반으로 용접 속도와 깊이 그리고 불량률의 상관관계를 분석해 품질을 향상 시키는 AI 제조데이터 분석 플랫폼을 개발한다. 이 기술은 산업통상자원부의 '스마트제조혁신 기술개발 사업' 중 '데이터 기반 품질 예측·제어기술' 세부항목과 연계되며, 정부의 디지털 전환 및 ESG 정책기조에 부합한다."

예시에서 보는 것과 같이 **AI는 사업의 목적 부합성을 명확하게 분석해서 기획자의 의도를 빨리 분석하며, 빠르고 정확한 결정을 하는 데 도움을 줄 수 있다.** 과제기획의 절반은 정부사업이 추구

AI를 통한 정부사업과 기술의 연관성 분석 방식 예시

사업 아이템	주요 기술	시장 규모	정책 연계성	타당성 평가
전기차용 재활용 알루미늄 부품 코팅	표면처리, 나노코팅	연 1.2조 원	친환경 산업전환 정책	★★★★☆
수소저장용 금속 하이브리드 합금	소재공학, 열처리공정	연 8,000억 원	수소경제 로드맵	★★★★☆
AI 기반 스마트주조 공정관리	IoT, 빅데이터	연 2조 원	스마트제조혁신사업	★★★★★

하는 목적에 부합시키는 개발목표와 내용을 담는 것이다. 이 부분만 열심히 해도 충분히 사업경쟁력을 가질 수 있다.

AI의 강점에는 '속도'도 있지만 내가 사용한 경험으로 보면 '정확성'이 더욱 빛을 발하는 것 같다. 사람이 몇 주 동안 리포트를 읽으며 정리한 내용을 AI는 몇 초 만에 논리 구조로 변환한다. ChatGPT를 사용한 지 1여 년쯤 되었을 때, 연구와 관련된 논문을 찾아본 적이 있었다. 일반적으로는 영문과 일문으로 된 논문을 사이트에서 찾아 읽으면서 내용을 정리한다. 물론 부족한 어학 수준으로 인해 번역 사이트를 이용하지만, 번역이 매끄럽지 않기 때문에 1차적으로 번역 사이트를 사용 후 다시 읽는 방식으로 진행한다. 이런 방식이면 업무를 하면서 하루에 1편의 논문을 번역하고 요약하기도 어려울 것이다.

그런데 ChatGPT에 관련 논문을 PDF로 변환해서 업로드했다. 영어, 일본어, 중국어, 아랍어, 유럽어 등 언어는 상관없었다. 업로드하고 '업로드한 논문을 번역한 뒤 요약해줘'라고 하면 몇 초만에 번역이 나온다. 그뿐만 아니라 PDF로 된 논문 책 전체를 업로드하더라도 몇 초 만에 모든 작업을 끝내고, 논문에서 참고해야 할 핵심 포인트를 확보할 수 있었다. 그 당시의 경험으로 충격적인 속도도 속도지만, 그 수초의 시간 내에 읽고 번역한 내용이나 요약 내용이 너무 정확했던 부분이 놀라웠다. 어떻게 AI는 이렇게 짧은 시간에 정확한 사고를 할 수 있을까?

이는 데이터의 양보다 사고의 방식이 다르기 때문이다. 사람은 경험을 중심으로 판단하지만, AI는 언어를 의미 단위로 쪼개어 문맥 속에서 관계를 분석한다. '탄소중립'이라는 키워드로 본다면 사람은 환경정책으로 인식하지만, AI는 동시에 '에너지 절감', '공정 효율화', '스마트제조', '친환경 원료 대체'라는 확장된 개념으로 연결한다. 이 차이가 바로 '사람이 주제를 찾는 방식'과 'AI가 주제를 구조화하는 방식'의 차이다. **AI는 정보를 모으는 존재가 아니라, 의미를 엮는 존재다.**

이 차이는 실제 결과에서도 드러난다. 과거에는 3명의 직원이 2주 동안 시장 조사, 기술 조사, 정책 조사를 각각 맡아서 기획서를 초안 수준으로 완성했다. 그러나 AI를 활용하면 1명이 2시간 만에 같은 수준의 기획 구조를 뽑아낼 수 있다. 예를 들어 'AI 기반 금형온도 분석 플랫폼'이라는 사업을 구상할 때, 사람은 시장 데이터를 찾고 기술적 타당성을 별도로 분석해야 했지만, ChatGPT는 산업 리포트의 수치, 정부의 지원사업목표, 경쟁사 현황을 한꺼번에 요약한다. 기존에는 조사인력 3명, 기간 10일, 결과물은 불완전한 요약서 수준이었다면, AI는 인력 1명, 시간 2시간, 결과물은 바로 정부 R&D 기획서 초안 수준이다. **AI는 인력을 줄이는 기술**

이 아니라, 집중을 가능하게 하는 기술이다.

AI는 타당성 검토에서도 사람을 압도한다. "이 사업의 기술성, 시장성, 정책성을 검토해줘"라고 요청하면, ChatGPT는 산업데이터, 경쟁동향, 정책적 일치도를 기준으로 분석을 제공한다. '기술성 : 금형온도 & 불량률 상관분석 모델 구축 가능, 시장성 : 제조AI 시장 22% 성장 전망, 정책성 : 디지털제조혁신 기조와 일치', 이런 식으로 정리된 결과는 단순한 표가 아니라 '검토 결과 보고서'다. 예전에는 이런 분석을 위해 팀 회의, 자료 취합, PPT 정리를 거쳐야 했지만, AI는 단 한 번의 대화로 완성한다. 실제로 한 중소제조업체에서는 과제기획에 평균 20일이 걸리던 프로세스를 AI 활용 이후 3일로 줄였다. 담당 인원도 5명에서 2명으로 줄었고, 내부 회의 횟수는 절반 이하로 감소했다. 그런데도 기획서의 품질은 더 높아졌다. **AI는 시간을 줄이는 것이 아니라, 불필요한 반복을 없애는 것이다.**

리스크 관리 또한 이제 AI의 영역이다. "이 사업의 주요 리스크를 예측하고 대응 전략을 표로 정리해줘"라고 요청하면, AI는 기술, 시장, 정책, 인력, 자금 리스크를 분류해 구체적인 대응 전략을 제시한다. 예를 들어 '기술 검증 실패 : 데이터 품질 불균형 → 초기 표준화 추진', '정책 일관성 문제 : 정부 예산 변동 위험 →ESG 확장 대응', '인력 부족 : 전문개발자 확보 어려움 → 산학협력 활용' 같은 식이다. 예전에는 이런 내용을 정리하기 위해 회의를 열고, 문서를 만들고, 결론을 도출해야 했다. 하지만 이제는 AI가 초안을 제시하고, 사람은 그중 현실적인 부분만 수정하면 된다. **AI**

는 가능성을 제시하고, 사람은 현실성을 완성한다.

이제 정부사업의 기획은 '공고문을 읽고 맞추는 일'이 아니다. AI는 정책의 흐름을 읽고 산업의 언어로 변환한다. 사람은 산업의 문제를 제시하고, AI는 그 문제를 정부정책의 틀 안에서 구조화한다. AI가 데이터를 기반으로 초안을 짜면, 사람은 그 초안을 검토하고 실행계획을 세운다. 이 협업 구조는 단순한 분업이 아니라 새로운 사고방식이다. **나는 이를 '20-60-20 사고방식'이라고 부른다. 사람이 문제를 정의하고(20%), AI가 해법을 설계하며(60%), 사람이 그 해법을 현실에서 검증하고 완성하는(20%) 구조다.** 이 사고법을 적용하면, 작은 기업이라도 인력 1~2명으로 충분히 정부사업 수준의 제안서를 완성할 수 있다.

결국 AI는 정부사업의 언어를 읽고, 산업의 언어로 다시 써주는 파트너다. **이제부터 정부사업을 잘 기획하는 사람은 글을 잘 쓰는 사람이 아니라, AI에게 문제를 올바르게 던질 줄 아는 사람이다.** 사업의 출발점은 아이디어가 아니라 데이터이며, 계획의 완성은 사람의 감각이다. AI는 데이터를 통해 논리를 만들고, 사람은 경험을 통해 의미를 완성한다. 이 둘이 만나는 지점에서, 짧은 시간과 적은 인원으로도 완성도 높은 기획이 만들어진다. 이것이 바로 새로운 시대의 기획 방식이며, AI가 우리에게 가져다준 가장 큰 변화다.

① AI는 이제 생산을 넘어 기획과 혁신의 중심축으로 이동했다.

② 사람의 20% 방향 제시, AI의 60% 구조화, 사람의 20% 검증이 가장 효율

적인 협업 공식이다.

③ AI는 가능성을, 사람은 현실성을 담당한다.

④ AI와 사람이 사고를 나누면, 산업의 혁신은 훨씬 빠르고 정교하게 완성된다.

AI로 정부사업의 개발목표와
내용 기획하기

정부사업의 기획이 방향을 설정하는 과정이라면, 개발목표와 개발내용의 수립은 그 방향을 현실로 옮기는 과정일 것이다. 과거에는 이 단계가 가장 많은 인력과 시간이 투입되는 구간이었다. 기획자는 보고서를 참고하며 목표를 세우고, 연구개발자는 기술적 가능성을 검토하며, 행정 담당자는 예산과 일정을 맞추기 위해 문서를 반복해서 수정했다. 하지만 이제는 AI가 이 모든 복잡

AI로 개발목표와 내용을 논리적으로 수립하자

한 과정을 구조적으로 정리해준다. 사람이 방향을 정하면 AI는 그 방향에 맞춰 개발단계, 목표 수치, 추진체계를 자동으로 설계한다. 즉, **지금의 AI는 사람의 감각을 구체적인 개발계획으로 변환하는 실무형 기획자로 활용될 수 있다.**

예전에는 개발목표를 잡는 일부터가 어려웠다. '우리 기술이 어디까지 가능한가?', '정부가 기대하는 수준은 어느 정도인가?'를 두고 팀 내 회의가 며칠씩 이어졌다. 목표가 너무 낮으면 경쟁력이 없고, 너무 높으면 비현실적이라 탈락하기 쉽다. 그래서 담당자는 과거 사업 사례를 일일이 찾아 수치를 맞추고, 평가기준을 유추해내야 했다. 목표 설정 과정에서 기획자가 가장 어려움을 느끼는 점이 바로 이 부분이다. 3~5년 뒤의 연구개발목표를 논리적으로 예측해서 심사위원들을 설득할 수 있어야 하기 때문에 힘든 것이다. 하지만 ChatGPT에게 "스마트제조 관련 정부사업에서 개발목표를 수립할 때 일반적으로 사용되는 성능지표를 알려줘"라고 입력하면, AI는 곧바로 예시를 제시한다.

① 생산성 향상률 15% 이상

② 불량률 감소 20% 이상

③ 공정 효율화 10% 이상

④ 에너지 사용량 절감 5% 이상

AI는 단순히 수치를 나열하는 것이 아니라, 각 목표가 어떤 근거로 산출되었는지까지 함께 설명한다. 그 덕분에 사람은 무작정 목표를 정하는 대신, AI가 제시한 논리적 근거 위에서 자신만의 현실적 목표를 설계할 수 있다.

개발내용의 설계도 마찬가지다. 예전에는 '이 목표를 달성하기 위해 어떤 연구개발단계를 거쳐야 할까?'라는 질문에 답하기 위해 워크숍을 열고, 연구팀이 도표를 만들었다. 하지만 AI에게 "이 기술을 개발하기 위해 필요한 연구개발단계와 주요 추진내용을 정리해줘"라고 하면, 순식간에 다음과 같은 구조를 제시한다.

이 내용은 단순히 단계만 나열한 것이 아니라, 각 단계에서 수행해야 할 세부항목과 예상 결과까지 포함한다. 예를 들어 '2단계 핵심 알고리즘 설계' 항목에는 '금형온도 데이터 수집 → 학습모델 설계 → 변수 상관도 분석 → 예지보전 제어 모델링' 같은 구체적인 실무단계가 자동으로 제시된다. AI는 사람의 목표를 계획으로 바꾸고, 그 계획을 실행 가능한 구조로 정리한다.

한 제조기업의 실제 사례를 살펴보자. 과거에는 새로운 장비 개발 사업을 추진하기 위해 5명의 인력이 2개월 동안 사업계획서의 기술개발 파트를 작성했다. 그들은 과제의 핵심기술, 추진일정, 개발단계를 일일이 표로 정리했지만, 평가위원들은 여전히 "구조가 약하다"라는 피드백을 했다. 그런데 같은 기업이 ChatGPT를 활용해 사업을 다시 기획했을 때, 불과 3일 만에 전체 개발내용이 완성되었다. AI는 '이 과제가 목표를 달성하기 위해 필요한 단계'를 논리적으로 재배열하고, 각 단계의 상호 의존 관계를 시각적으로 표현해줬다. 결국 그 기업은 단 한 번의 평가에서 높은 점수를 받고 선정되었다. **AI는 인력의 부족을 메우는 기술이 아니라, 사고의 누락을 방지하는 기술이다.**

AI는 또한 개발목표의 정량화에 탁월하다. 사람이 막연하게 "품질을 개선하겠다"라고 말하면, AI는 "품질 개선의 기준은 무엇이며, 측정 가능한 지표로 표현할 수 있는가?"라고 되묻는다. 그 후 AI는 실제 정부 R&D 과제의 평가기준을 인용해 '품질 개선 → 불량률 20% 감소 → 생산라인 데이터 기반 실시간 제어'처럼 계량화된 문장으로 재구성한다. 이러한 문장은 단순히 보기 좋게 다듬어진 것이 아니라, 평가위원이 읽고 바로 판단할 수 있는 구조로 정리된 것이다. **AI는 '글을 예쁘게 쓰는 기술'이 아니라 '심사자가 이해할 수 있는 언어로 바꿔주는 기술'이라는 점을 인지하고 활용해야 한다.**

AI를 활용하면 기술개발의 방향뿐만 아니라 일정 관리도 구체화할 수 있다. "이 기술개발을 3년 동안 진행해야 한다면, 연차별 개발목표와 주요 마일스톤(Milestone, 단계목표, 성과지표)을 설정해줘"라고 요청하면, ChatGPT는 사업관리 전문기관이 쓰는 형식 그대로 답한다.

- **1차 년도 :** 기술요구사항 분석 및 기본 알고리즘 개발
- **2차 년도 :** 시제품 제작 및 공정 실증
- **3차 년도 :** 상용화 검증 및 데이터 고도화

그뿐만 아니라 연차별 산출물까지 자동으로 정리한다. 예전에는 과제관리 경험이 없는 중소기업이 이런 내용을 작성하기 위해서는 전문 컨설턴트를 찾아야만 했다. 하지만 이제는 누구나 AI의 도움으로 자체 기획이 가능하다. 1명이 혼자서도 과제의 전반을 설계할 수 있는 시대가 된 것이다. 어색하고 잘못된 부분을 수정 및 보완할 수 있는 능력만 갖추면 된다.

또 다른 장점은 AI가 개발목표를 '기술개발'로만 한정하지 않는다는 점이다. AI는 사회적 가치, 산업 파급효과, ESG 기여도 등 정성적 요소까지 함께 고려한다. 예를 들어 'AI 기반 제조데이터 플랫폼'이라는 기술을 설명하더라도, AI는 단순히 기술개발계획에 그치지 않고 '중소제조업의 디지털 전환 지원, 지역 일자리 창출, 탄소배출 저감효과' 같은 사회적 효과를 함께 제시한다. 과거에는 기획자가 이런 내용을 따로 조사해서 정리해야 했지만, AI는 정책문서의 표현 패턴을 그대로 적용해 자동으로 작성한다. 이처럼 AI는 개발목표와 개발내용의 모든 과정을 데이터 기반으로 정리하며, 사람은 그 결과를 검증하고 현실감 있게 조정한다.

결국 AI와 사람이 함께 사고할 때, 기획의 수준은 달라진다. 사람은 경험으로 가능성을 판단하고, AI는 데이터를 통해 그 가능성을 구체화한다. 사람이 "이 정도면 될 것 같다"라고 말할 때, AI

는 "그 근거는 여기 있다"라고 답한다. 그리고 둘의 사고가 합쳐
질 때 진짜 전략이 완성된다. **AI는 사람의 아이디어를 현실 가능
한 개발계획으로 변환하는 두 번째 두뇌다.**

① AI는 사람의 아이디어를 현실 가능한 개발계획으로 구조화하는 기획 파트
너다.

② 과거 수주 걸리던 개발목표·개발내용 수립이 AI의 자동 구조화 기능으로
단 며칠 만에 완성된다.

③ AI는 정량적 목표뿐만 아니라 정성적 가치(ESG·사회적 파급효과)까지 함께
반영한다.

④ 사람은 방향을 제시하고, AI는 계획을 설계하며, 사람은 실행으로 검증한다.

⑤ AI와 사람의 협업은 인력을 줄이고 품질을 높이는 가장 효율적인 개발 설계
방식이다.

기존 제조라인에 대한 제조AI
스마트공장 기획하기

기존 제조라인의 스마트공장화 또는 AI화는 단순히 자동화 장비를 추가하는 프로젝트가 아니다. **생산성과 품질, 불량률, 인력 구조, 공정 효율을 근본적으로 재설계하는 혁신의 과정이다.** 이때 핵심은 '어떻게 더 똑똑하게 일할 것인가?'다. 즉, AI는 단순한 장비 제어의 수단이 아니라, **생산 현장의 문제를 스스로 진단하고 해결책을 구조화하는 두 번째 엔지니어가 된다.**

AI는 문제를 찾고, 사람은 방향을 잡는다

실제 AI 기반 제조라인 기획은 PoC(Proof of Concept, 개념검증) 단계를 중심으로 진행된다. AI 적용은 일반적으로 '분석 → 설계 → 적용 → 검증'의 4단계를 거친다. 이 과정을 ChatGPT와 같은 오픈AI를 활용해 체계적으로 기획하면, 기존 방식보다 훨씬 더 논리적이고 속도감 있게 설계가 가능하다.

(1) 문제 발굴 : 현장의 데이터를 언어로 정리하라

AI화의 시작은 언제나 문제인식이다. 그러나 대부분의 기업은 '문제가 무엇인지'조차 명확히 정의하지 못한다. '생산성이 낮다'라는 막연한 진단으로는 AI가 개입할 수 없다. **이때 ChatGPT는 문제 정의 파트너로 활용된다.** "우리 공장에서 불량률이 높은데, 그 원인을 찾기 위한 점검 항목을 구조화해줘"라고 지시하면, **AI는 데이터 부족, 장비 노후, 작업패턴 불균형, 교육 미흡 등 구체적인 요인들을 도출**해준다.

그다음 "이 문제를 공정별로 세분화해줘"라고 하면, AI는 프레스, 가공, 세척, 조립, 검사로 나누어 단계별 점검 포인트를 제시한다. 이렇게 얻은 결과를 정리하면, 기업은 PoC 사업계획서의 '추진 배경 및 필요성' 항목을 빠르고 논리적으로 작성할 수 있다.

(2) 데이터 구조화 : 제조라인을 AI가 이해할 수 있는 언어로 바꿔라

기존 방식에서는 현장의 데이터가 설비 모니터링 장비, MES, ERP 등 여러 곳에 흩어져 있어 통합 분석이 어려웠다. ChatGPT를 활용하면 AI가 이해할 수 있는 데이터 구조의 기본 설계를 빠르게 완성할 수 있다. 예를 들어 "주조 공정에서 AI 분석을 위해 필요한 데이터 항목을 입력, 처리, 출력 구조로 정리해줘"라고 하면, 다음과 같은 틀을 자동 생성할 수 있다.

AI가 도출한 주조 공정 AI 분석 데이터와 처리구조

구분	INPUT(입력데이터)	PROCESS(처리방법)	OUTPUT(결과지표)
공정온도	센서데이터 수집	회귀모델 예측	품질 편차율
작업시간	IoT 태그 수집	패턴인식	비효율 구간
불량코드	MES 로그	분류모델	불량 원인 상관도

이 과정을 통해 기업은 PoC 양식의 'AI 솔루션 개요' 및 '제조데이터 구조도' 항목을 거의 완전 자동으로 작성할 수 있다. 사람은 단지 각 항목을 검토하고, 실제 데이터를 대입하기만 하면 된다.

(3) 솔루션 설계 : AI와 함께 TO-BE 모델을 시뮬레이션하라

AI의 진짜 강점은 개선안을 구조적으로 시뮬레이션할 수 있다는 점이다. ChatGPT나 Gemini에게 "AS-IS 대비 TO-BE 공정

AI가 제시한 개선데이터 비교 제시 자료 예시

구분	AS-IS(현행)	TO-BE(AI 적용 후)	기대효과
데이터 관리	수기 기록	IoT 자동 수집	데이터 누락률 90% ↓
품질 검사	육안검사	머신비전 기반 자동검사	불량률 30% ↓
공정 제어	경험적 조정	AI 예측제어	생산성 15% ↑

흐름을 비교해서, 개선 포인트를 표와 그림으로 제시해줘"라고 하면, AI는 생산시간 단축, 공정 간 인터락(Interlock) 개선, 설비 OEE(종합효율) 향상 방안을 시각적으로 제시한다.

이렇게 생성된 구조는 사업계획서의 'AI 솔루션 구성', 'H/W 및 S/W 구성도' 항목에 바로 사용할 수 있다. ChatGPT는 문장뿐만 아니라 표·흐름도를 함께 제시할 수 있기 때문에, PoC 기획의 기본 틀을 빠르게 확보할 수 있다.

(4) 실행계획 : KPI를 AI에게 먼저 설계시키고 사람이 조정하라

AI화 사업의 성패는 정량성과 측정가능성에 달려 있다. 기존에는 KPI를 경험적으로 설정했지만, **AI는 과거 데이터와 산업지표를 기반으로 성과예측형 KPI 모델을 제안**할 수 있다.

"AI 기반 품질 검사 도입 후 불량률이 얼마나 줄어들지, 이를 KPI로 계산해줘"라고 하면, AI는 과거 불량률과 검사 속도 데이터를 이용해 **예상 개선율, 달성 가능성, 가중치 비율을 포함한 KPI 표**를 만들어준다.

AI가 제시한 시간당 생산량·공정 불량률·재공재고 구축 전후 제시 자료 예시

구분	KPI	구축 전	구축 후	개선율	가중치
P	시간당 생산량	120	150	25% ↑	0.3
Q	공정 불량률	6%	3%	50% ↓	0.4
C	재공재고	10억 원	7억 원	30% ↓	0.2

이 단계에서 ChatGPT는 단순히 숫자를 나열하는 것이 아니라, **KPI 달성을 위한 리스크 요인과 대응 전략도 함께 제안할 수 있다.** 예를 들어 "예상치보다 KPI가 낮게 나올 경우의 원인을 분석해줘"라고 하면, AI는 장비 데이터 불안정, 작업자 숙련도, 학습모델 부족 등 실질적 리스크를 제시한다.

① AI를 활용한 기존 제조라인의 혁신은 단순한 자동화가 아니라, 문제 정의 → 데이터 구조화 → 솔루션 설계 → 성과 시뮬레이션의 지능적 기획 과정이다.

② 사람은 문제를 정의하고, AI는 구조를 세우며, 사람은 다시 결과를 검증한다.

③ 이렇게 만들어진 기획서는 단순한 계획서가 아니라, 현장을 반영한 살아 있는 혁신 로드맵이 된다.

AI로 사업계획을 완성하고
제조혁신과 미래를 만드는 방법

우리가 사업계획서를 작성한다고 말할 때, 대부분의 사람들은 문서를 만드는 기술이나 글 쓰는 방법을 먼저 떠올린다. 하지만 사업계획서는 단순한 문서가 아니다. 그것은 기업이 앞으로 무엇을 만들고, 어떤 방식으로 만들며, 어떤 미래를 향해 나아갈지를 스스로에게 선언하는 구조적 설계도다. 과거에는 이 설계도를 사람이 경험과 직감으로 채워 넣었다면, 이제는 AI가 그 설계 과정

AI는 산업의 지도를 다시 그린다

에 함께 들어와 사람의 사고를 구조화하고, 보지 못했던 가능성을 찾아내며, 미래의 산업으로 연결되는 길을 새롭게 만들어준다. **결국 사업계획서를 작성하는 과정 그 자체가 제조혁신의 출발점이 되고, 기업의 미래를 결정짓는 가장 중요한 '첫 번째 공정'이 된다.** AI는 단순히 사업계획서를 써주는 도구가 아니라, 미래를 함께 설계하는 파트너다.

이전에는 사업계획서를 쓰기 위해 시장 자료를 모으고, 기술적 가능성을 검토하고, 경쟁사 분석을 정리하는 데 많은 시간과 인력이 필요했다. 그 과정에서 내용이 통일되지 못하다 보니 정작 중요한 내용은 빠지고, 필요 없는 내용이 과하게 늘어나는 문제가 반복되었다. 또한 사람의 시야는 제한적이기에, 여러 가능성 중 하나만 선택하거나 잘못된 방향을 설정한 채 과제를 진행하곤 했다. 하지만 AI는 이런 한계를 넘는다. 사람의 경험이 만들어내는 관성, 익숙함, 편견을 AI가 대신 펼쳐 보이며 새로운 사고의 구조를 제시한다. 시장의 가능성을 분석하는 것도, 기술의 적용 범위를 확장하는 것도, 정부정책과의 연계를 찾는 것도, 이제는 사람이 아닌 AI가 먼저 길을 열어준다. **AI가 제시한 구조를 사람이 선택하고 조정하는 과정이 곧 '기획의 혁신'이며, 이 혁신이 제조혁신의 첫 단계가 된다.**

예를 들어, 한 기업이 "알루미늄 냉각판을 개발하고 싶다"라고 말하던 때는 구체적인 사업목표와 개발내용을 만드는 데만 몇 주가 필요했다. 과연 어떤 기능을 넣어야 할지, 어떤 기술을 적용해야 할지, 어떤 정부사업이 이 사업과 맞는지 판단하기 위해 수많은 회의가 이어졌다. 하지만 AI에게 "이 기술의 개발목표와 내용을 정부사업 연구개발계획서 수준에서 구조화해줘"라고 요청하는 순간, AI는 기술적 요소, 정책적 방향, 산업적 파급효과를 한 번에 엮어 제시한다. 그 안에는 사람이 미처 생각하지 못했던 새로운 개발목표와 내용, 그리고 추진체계가 포함되어 있다. 이 과정이 반복되면, 사람의 사고는 자연스럽게 확장되고, 기업은 이전에는 상상하지 못했던 혁신을 실현할 수 있는 기반을 갖추게 된다. **결국 AI와 함께 만든 사업계획서는 단순한 문서가 아니라, 기업의 미래를 완성하는 설계도가 되는 것이다.**

　AI의 개입은 사업계획서의 논리적 완성도를 높이는 데서 그치지 않는다. **가장 중요한 효과는 AI와 함께 작성한 사업계획서의 논리 구조가 실제 제조현장으로 자연스럽게 이어질 수 있다는 점, 즉 현실 구현 가능한 구조라는 것이다.** AI가 제시한 개발목표는 단순한 문장으로 끝나지 않고, 공정 개선·데이터 활용·설비 최적화 같은 실질적 변화를 만들어내는 기준이 된다. 예를 들어 AI가 "금형온도-불량률 상관모델을 구축하라"라고 제안하면, 이는 곧바로 제조현장에서 필요한 데이터 수집 기준을 만들고, 제작해야 하는 알고리즘의 방향을 정하고, 공정을 개선하는 첫 단계가 된다. 즉, **AI가 만든 '계획'은 현장에서 그대로 '혁신'으로 이어지는 구조를 만든다. 사업계획서가 제조혁신의 청사진이 되는 셈이다.**

　또한 AI와 함께 작성된 사업계획서는 기존처럼 기획팀·연구팀·생산팀이 따로 움직이지 않게 한다. 하나의 계획안에 기획적 논리, 기술적 근거, 제조적 실행이 함께 담기기 때문이다. 사람의 경험이 문제를 쪼개던 방식에서 벗어나, AI는 문제와 해결을 하나의 구조 안에 놓는다. 그 구조 안에서 사람은 부족한 부분만 보완하면 되고, 모든 부서는 같은 언어를 사용할 수 있게 된다. 결국 기획의 언어와 제조의 언어가 하나로 합쳐지고, 기업은 '생산 중심 기업'에서 '기획 중심 기업'으로 진화한다. **AI는 제조혁신을 추진하는 기술이 아니라, 혁신을 일으키는 사고의 기반을 만든다.**

이제 AI와 함께 쓰는 사업계획서는 단순한 과제 제출용 문서가 아니다. 이것은 기업의 미래를 설계하는 첫 번째 단계이자, 제조혁신을 예고하는 신호이며, 산업의 미래를 여는 새로운 문법이다. 사업계획서를 어떻게 쓰느냐가 기업의 미래를 결정하는 시대에, AI는 가장 중요한 동반자다. 사람의 사고와 AI의 구조가 만나면, 계획은 전략이 되고, 전략은 제조혁신으로 이어지고, 그 혁신은 다시 새로운 미래를 만든다. 그 흐름의 처음에 있는 것이 바로 AI로 작성한 사업계획서다. AI와 함께 쓰는 사업계획은 제조혁신의 시작이며, 우리가 맞이할 미래의 첫 문장이 되고, 결국 산업의 지도를 바꾸는 토대가 될 것이다.

① AI는 사업계획서를 작성하는 도구가 아니라, 미래를 설계하는 파트너다.

② AI가 만든 기획 구조는 제조혁신의 청사진이 되어 현장에서 바로 실행된다.

③ 사람은 의미를 제시하고, AI는 그 의미를 구조화해 새로운 개발목표를 만든다.

④ AI와 함께 쓰는 사업계획서는 기획·기술·제조를 하나로 통합하는 혁신의 출발점이다.

⑤ AI-기반 사업계획이 결국 기업의 미래와 산업의 혁신을 완성한다.

[AI 운영]
AI 활용의 원칙과 실전 팁

AI를 안전하고 지속적으로
업무에 정착시키는 단계

AI 활용의 7가지 기본원칙과
5가지 주의사항

6장까지는 AI를 활용해 사업계획서, 연구개발계획서, 제조혁신, 신규 사업기획을 수행하는 구체적인 방법을 다루었다. 이번 7장은 그보다 한 단계 위의 이야기다. 나는 최근 몇 년 동안 정부사업과 관련 산업현장에 AI를 실무에 직접 적용해왔고, 그 과정에 관한 내용을 책으로 집필하면서 그 과정과 효과성을 리마인드하면서 깨달은 점이 하나 있다. 바로 **'AI를 잘 쓰는 사람은 결국 AI를**

AI의 원칙을 아는 것은 AI를 다루는 첫걸음이다

잘 키우는 사람'이라는 것이다.

그래서 이 장에서는 내가 실제로 겪고 체득한 내용을 바탕으로, AI를 효과적으로 활용하기 위해 **반드시 기억해야 할 7가지 기본 원칙과 5가지 주의사항을 정리**했다. 이 원칙은 단순한 매뉴얼이 아니라, **AI를 나의 사고 파트너로 성장시키는 과정에서 얻은 실질적인 경험의 결과**이니, 항상 유념하면서 AI를 사용했으면 한다.

(1) AI 활용의 7가지 기본원칙

첫째, AI는 '활용'이 아니라 '성장'의 대상이다. AI를 단순한 도구로 쓰지 말고, 나와 함께 성장하는 파트너로 대해야 한다. 사람에게 실수를 허용하듯, AI에게도 반복학습과 개선의 시간을 줘야 한다. 한 번의 명령으로 완벽한 답을 얻을 수는 없다. 대신 꾸준히 대화하고 수정하며, **나의 생각과 업무 철학, 내용을 AI에게 습관처럼 학습시켜야 한다.**

둘째, 일관된 환경을 유지하라. 하나의 대화창(방)에 여러 주제의 질문을 섞으면 AI의 맥락이 무너진다. **업무별·프로젝트별로 방을 분리**하고, 방마다 목적과 톤, 금지사항을 설정해야 한다. 불필요한 대화는 과감히 삭제해 **AI의 기억을 정리하고, 문맥의 일관성**을 지켜야 한다.

셋째, 화자와 관점을 명확히 해라. AI는 '누가, 어떤 입장에서 묻는가?'를 모르면 답의 방향을 잘못 잡는다. 예를 들어 "나의 셋째 아들이 고양이를 키우고 싶어 하는데, 이 사진 속 고양이의 품종을 알려줘"처럼 **화자와 맥락을 명확히 선언**하면 AI는 질문의 주체를 정확히 인식한다. 반대로 "이 사진의 고양이 품종을 알려줘"라고 하면 AI는 내가 고양이에게 관심 있다고 오해한다.

넷째, 풍부한 정보를 학습시키는 것을 아끼지 말라. AI는 입력된 정보의 범위 안에서만 생각할 수 있다. 따라서 정확하고 정합성 높은 답을 얻기 위해서는 **충분한 배경 설명, 수치, 도표, PDF, 보고서, 논문을 함께 제공**해야 한다. 정보를 아끼면 평균적인 답변만 나오고, 풍부하게 제공하면 나에게 맞는 전문적이고 구체적인 결과가 돌아온다는 점을 명심해야 한다.

다섯째, 명확하고 구체적으로 요청하라. "알려줘"보다는 "이 내용을 정부과제 평가항목에 맞게, 근거와 예시를 포함해 2페이지로 정리해줘"처럼 구체적으로 명령해야 한다. 특히 AI가 잘 이해하지 못할 때는 **"이런 식으로 써줘"라며 예시 형식을 직접 제시**하는 것이 가장 효과적이다. 예를 들어 "이런 구조(서론 – 근거 – 예시 – 결론)로 다시 써줘"라고 하면, AI는 제시된 패턴에 맞춰 훨씬 완성도 높은 결과를 낸다.

여섯째, AI는 명령으로 작동하지만, 지속적인 피드백으로 성장한다. AI가 만든 초안을 검토하며 "이 문단의 논리가 약하다", "평가위원 입장에서 다시 써줘"처럼 **구체적인 피드백을 반복적으로 제공**해야 한다. 수정 지시를 통해 AI는 문장 구조, 논리, 표현습관을 학습하고, 점차 나의 사고 패턴에 맞춰진다.

일곱째, AI의 한계를 명확히 인식하고 기록하라. AI의 답변은 참고용이지, 절대적 진실이 아니다. 반드시 공신력 있는 데이터(KOSIS, 통계청, 중기부, 산업부 등)로 교차검증해야 한다. 또한 잘 작동한 프롬프트와 서식은 따로 기록하고, 오작동한 명령은 폐기해 AI의 기억을 청결하게 유지해야 한다. 기록이 쌓이면 그것이 나만의 AI 매뉴얼북이 된다.

(2) AI 활용의 5가지 주의사항

첫째, AI의 답변을 그대로 사용하지 말라. AI가 생성하는 글은 70%는 구조가 좋지만, 30%는 오류를 포함한다. 반드시 사람이 검토하고 수정해야 한다. AI는 글을 '만드는' 것이 아니라, '조합'하는 존재임을 잊지 말아야 한다.

둘째, 민감한 정보는 절대 직접 입력하지 말라. 기업의 내부 기술, 거래처 정보, 미공개 사업자료 등은 요약형·가명처리형으로 입력해야 한다. '신규 합금 개발 중'처럼 범위를 제한해 표현하는 것이 안전하다.

셋째, AI의 편향을 인식하라. AI는 학습된 데이터의 성향에 따라 결론이 달라질 수 있다. 항상 반대 시각에서 검증하거나, 2개 이상의 AI 모델(ChatGPT·Gemini·Claude 등)을 교차 사용해 객관성을 확보해야 한다.

넷째, AI의 속도에 현혹되지 말라. AI는 빠르지만, 그 속도에 휘둘리면 품질이 떨어진다. AI의 진정한 강점은 속도가 아니라 논리 구조화 능력이다. 빠르게 쓰기보다 정확하게 구조화하는 데 시간을 써야 한다.

다섯째, 감정적으로 의존하지 말라. AI는 대화의 맥락을 기억하지만, 감정은 없다. AI는 '이해하는 존재'가 아니라 '학습된 반응

체'다. 감정적 판단이 필요한 영역에서는 반드시 사람의 직관과
경험이 우선되어야 한다.

① AI 활용의 7가지 기본원칙

- AI는 '활용'이 아닌 '성장'의 대상이다.

- 방을 주제별로 분리하고, 불필요한 대화는 삭제하라.

- 화자와 관점을 명확히 밝혀야 일관성 있는 답이 나온다.

- 풍부한 데이터를 제공할수록 정합성 높은 결과를 얻는다.

- 예시 형식을 직접 제시하면 AI의 완성도가 높아진다.

- AI는 명령으로 작동하지만, 피드백으로 성장한다.

- 공신력 있는 데이터로 교차검증하고, 대화 히스토리를 관리하라.

② AI 활용의 5가지 주의사항

- AI의 답변은 그대로 쓰지 말고 반드시 검수하라.

- 민감한 정보는 직접 입력하지 말라.

- AI의 편향과 불완전성을 인식하라.

- 속도보다 논리의 품질을 중시하라.

- 감정적 의존 대신 객관적 협업으로 접근하라.

AI 활용 성과의
평가와 개선

AI를 활용한다는 것은 단순히 '잘 쓰는 법'을 배우는 것이 아니라, 나의 일과 사고방식을 성장시키는 과정이다. 앞서 6장까지는 ChatGPT를 이용해 사업계획서나 연구개발계획서를 작성하고, 산업이나 제조라인을 기획하는 실무적인 방법을 다루었다. 하지만 AI를 아무리 열심히 사용해도 결과가 발전하지 않는다면 그것은 제대로 된 활용이 아니다. AI의 진짜 가치는 반복할수록, 그리

AI는 효율을 수치로 증명한다

고 성과를 점검하고 개선할수록 커진다. 나는 ChatGPT가 출시된 이후 몇 년 동안 기업과 산업현장에서 AI를 활용하면서 깨달았다. 'AI의 성과는 결과물이 아니라 과정의 변화에서 달성된다'라는 것이다. 즉, **내가 AI를 통해 얼마나 빠르게, 얼마나 효율적으로, 그리고 얼마나 더 나은 사고 구조로 나를 만들어가고 있는가가 핵심**이다.

여기서는 내가 사용하고 있는 AI 활용 성과 측정방법에 대해서 설명하고자 한다. AI 활용 성과를 왜 측정해야 할까? 굳이 측정할 필요가 없다고 생각할 수가 있다. 내가 필요로 할 때 사용하면 되지, 그 효과성을 측정할 필요가 있을까 하고 생각할 수도 있다. 하지만, 내 생각은 좀 다르다. 나는 AI를 단순하게 필요할 때 사용하는 계산기 같은 존재라고 생각하지 않는다. 앞에서 계속 이야기했듯이 나에게 AI는 인생을 함께 기획하고 해결하는 파트너다. 이 파트너를 잘 활용할수록 나의 경쟁력이 향상되는 것이다. 마치 공부를 잘하는 것과 동일하다. 그냥 문제를 많이 푼다고 공부를 잘하고, 나의 수준이 높아지는 것이 아니다. 내가 몇 문제를 맞았는지, 몇 문제를 틀렸는지, 왜 틀렸는지, 문제를 푸는 방식은 맞는지 등을 항상 정량적으로 측정하고 생각하며 노력해야만 하는 것이다. 그러면 나의 수준은 높아지고, 성적도 높아지게 되는 것이다. AI도 동일하다. 내가 잘 활용하고 있는지를 항상 체크하고 평가해야만 나의 활용 수준은 높아지고, 결국 능력의 증폭은 더욱 커지게 된다.

AI의 활용 성과를 평가할 때는 거창한 지표보다, **일상 속의 변화**

를 구체적으로 측정할 방법이 중요하다. 나는 이 과정을 **정량적 평가 – 정성적 평가 – 구조적 평가**의 세 단계로 나누어 측정해보 길 권장한다. 이 방식은 내가 사업계획서를 작성할 때 항상 수립 하는 정부과제의 평가항목과 유사하지만, 개인이나 기업이 스스 로 AI의 효율을 점검할 수 있도록 단순하고 실용적으로 설계했다.

(1) 정량적 평가 – '보이는 변화'를 숫자로 확인하라

정량적 평가는 말 그대로 **측정 가능한 효율의 변화를 확인하는 단계**다. AI를 활용하기 전과 후의 일상적 변화를 구체적인 수치로 기록하는 것이다. 예를 들어, 같은 사업계획서를 작성하는 데 걸 리는 시간이 얼마나 줄었는가, 불필요한 문장 수정이나 자료 정리 가 얼마나 줄었는가, 동시에 몇 개의 프로젝트를 병행할 수 있게 되었는가, 혹은 남는 시간이 얼마나 늘었는가 같은 변화들이 모 두 정량적 지표가 된다.

개인의 AI 활용 정량적 관리 자료 예시

번호	평가항목	활용 전	활용 후	개선율
1	사업계획서 초안 작성시간	8시간	2시간	75% 단축
2	불필요한 문장 수정횟수	10회	3회	70% 감소
3	동시에 수행 가능한 프로젝트 수	1건	3건	200% 증가
4	개인 여가시간 확보량	주 4시간	주 10시간	150% 증가

앞의 평가항목은 실제 내가 최근에 측정해본 대략적인 데이터다. 이 수치들은 거창한 통계가 아니라, 실제 내 업무 루틴 속에서 **AI가 가져온 생활의 변화를 보여주고 있다.** 그리고 이런 데이터는 AI를 계속 사용하는 이유를 분명하게 만들어준다. 'AI를 쓰면 글을 잘 쓸 수 있다'가 아니라, **'AI를 쓰면 나의 시간을 되찾고, 생각에 더 투자할 수 있다'라는 구체적인 체감이 성과의 핵심**이다.

(2) 정성적 평가 – 사고의 확장과 결과물의 깊이

정성적 평가는 AI가 내 사고의 폭을 얼마나 넓혔는가를 측정하는 단계다. AI를 쓰면 단순히 글을 빨리 쓰는 것보다, 이전에 생각하지 못했던 방향으로 사고가 확장된다. 예를 들어, 사업계획서를 쓸 때 '이 기술이 왜 필요한가?'라는 질문에 AI가 제시한 관점이 기존의 기술 중심 논리에서 벗어나, **시장성·ESG·글로벌 확장성 같은 새로운 키워드**를 던져줄 수 있다. 또, R&D 기획서 작성 시 AI가 관련 논문이나 특허의 요약을 자동으로 구조화해줌으로써, 내가 핵심 트렌드를 빠르게 파악하고, 논리적으로 표현할 수 있게 된 변화도 정성적 성과에 포함된다.

정성적 평가는 숫자가 아니라 질문과 답변의 수준으로 기록하면 된다.

- AI와의 대화 속에서 새로운 아이디어를 떠올린 횟수
- AI가 제시한 관점을 실제 계획서에 반영한 빈도
- AI의 피드백으로 문서의 논리 일관성이 개선된 정도

이런 항목들은 AI를 단순한 보조도구가 아닌, **사고의 파트너로 성장시킨 흔적**이다.

(3) 구조적 평가 – 재현성과 개선의 체계화

구조적 평가는 **AI의 활용이 반복 가능한 구조로 정착되었는가**를 보는 단계다. 즉, 내가 만든 프롬프트나 대화 패턴을 다른 프로젝트에도 재사용할 수 있는가, 혹은 다른 사람에게 공유했을 때 같은 품질의 결과가 나오는가를 점검하는 것이다.

예를 들어, '사업계획서 작성용 프롬프트 매뉴얼'을 만들어두고 다른 과제에 적용했을 때 비슷한 품질의 결과가 나온다면, 그것은 **이미 AI 활용이 체계화된 상태**다. 반대로, 매번 처음부터 새로 설명해야 하거나 결과의 품질이 들쭉날쭉하다면, 아직 구조화가 덜 된 것이다.

이 구조적 평가를 돕기 위해 나는 다음 3가지를 습관적으로 하려고 노력한다.

· 잘 작동한 프롬프트는 즉시 기록해 'AI 매뉴얼북'에 추가

→ 자주 쓰는 프롬프트를 메모파일(.txt, hwp, ppt)에 저장하자.

· 프로젝트별 AI 대화 로그를 분류·보관해 재활용 가능성 검토

→ ChatGPT를 자주 사용하다 보면 주제별·사람별 등과 같이 다양해지고, 또는 로그 용량이 다 차서 해당 대화방이 정지되는 경우가 있다. 종류가 많아지면 분류 및 재활용 & 폐기

를 결정해서 정리할 필요가 있다.

· 월 1회 'AI 점검일'을 지정, 새로운 버전 업데이트나 데이터 변화 반영
→ AI 점검일에 대화방을 정리하고, AI 버전 업데이트를 통해 최
   적화할 필요가 있다.

이 과정을 통해 AI는 단순히 나를 돕는 존재에서, **나의 업무 시
스템에 내재한 협업자**로 자리 잡는다.

① AI 성과는 결과보다 과정의 개선에서 측정하라.

② 정량적 평가는 시간·효율·여유의 변화를 수치로 기록하라.

③ 정성적 평가는 AI가 사고의 폭과 논리의 깊이를 확장했는가로 판단하라.

④ 구조적 평가는 AI 활용법이 재현 가능한 시스템으로 정착되었는가로 점검

   하라.

⑤ 성과평가는 숫자가 아니라, 사람이 성장한 흔적을 남기는 과정이다.

AI를 조직문화로
정착시키기

AI는 지금은 좀 이르더라도 앞으로 분명 기업의 생존 전략이자 조직문화의 새로운 기준이 될 것이다. 4차 산업혁명 이후 자동화와 데이터 기반 경영이 주류가 되었지만, 2025년을 지나며 그 중심은 명확히 'AI'로 이동했고, 지금도 계속 빠르게 이동하고 있다. AI를 이해하고 활용하는 조직과 그렇지 못한 조직의 격차는 단순한 '생산성 차이'가 아니라, 존재의 격차가 되어버린 상황이 온

AI를 쓰는 조직이 아니라, AI로 성장하는 조직이 되어야 한다

것이다. 기술의 변화가 빠른 만큼, 기업이 AI를 얼마나 빨리 체득하느냐가 미래 경쟁력을 결정지을 것이다.

기업 업무에서 AI 도입 속도가 느린 것은 기술적 한계 때문이 아니다. 문제의 핵심은 **리더십의 의지와 조직 문화의 전환에 있다.** 조직 내에서 AI를 정착시키기 위해 가장 먼저 변해야 할 대상은 경영진이다. 대표이사와 임원진이 스스로 AI를 배우고 직접 활용해봐야, 직원들도 '이것은 일시적 유행이 아니라, 회사의 전략'이라고 느끼게 될 것이다. 말단 직원들이 ChatGPT를 사용해서 각종 보고서나 데이터를 정리하고, 사업계획서 등을 작성하려고 해도, 임원진에서 그런 방식에 대해 부정적인 의식을 가지고 있다면, 회사 내 AI의 저변화는 어려울 것이다.

반면 대표가 각종 회의에서 임원 또는 직원들을 대상으로 "이 내용을 ChatGPT로 검토해봤어요?", "내년도 개발계획을 Chat-GPT를 사용해서 작성한 뒤 발표해주세요"라고 논의하는 순간, 조직 내 인식은 완전히 바뀔 것이다. 하지만 한 번에 바꾸려고 하면 조직 내 반발을 일으킬 수밖에 없을 것이다. 왜냐하면, 결정권이 있는 대부분의 임직원들은 AI에 익숙하지 않기 때문이다. 그래서 나는 기업이 AI를 도입하고자 할 때는, 다음의 세 단계의 순서로 적용 및 검토하는 것이 가장 적합하다고 생각한다.

① **경영진 AI 리터러시(literacy) 확보 :** 경영진이 직접 오픈AI 모델(ChatGPT·Gemini·Claude 등)을 사용해본다. 사업기획, 보고서 요약, 시장 분석 등 실제 업무와 연결된 체험형 교육을 진

행하고, 직접 그 효능감을 느껴본다.

② 직원 대상 AI 육성 프로그램 운영 : 전 직원이 자신만의 AI를 '개인 파트너'로 육성할 수 있도록 한다. 오픈AI 계정 사용료 지원, ChatGPT 프롬프트 교육, AI 일지 작성 등의 실습형 교육을 통해 AI 친화적 근무 환경을 만든다.

③ 성과 기반 인센티브 시스템 구축 : AI를 잘 활용한 직원을 'AI 우수활용자'로 선정해 포상하거나, AI로 작성한 제안서·기획서의 채택률을 인사평가에 반영한다.

이런 제도가 만들어지면 직원들은 자연스럽게 'AI를 써야만 내 일이 효율적이구나'라는 '필요의식'을 체득하게 된다. **처음에는 강제적일지라도, 반복되면 습관이 되고, 습관이 되면 그것이 곧 조직문화가 된다.**

사용량이 증가하다 보면 알게 되겠지만, AI는 단순한 자동화가 아니라 '개인 역량의 증폭기'다. 예전에는 직원 A의 실력이 8점, B의 실력이 5점이라면, 두 사람의 차이는 3점에 불과했다. 하지만 AI라는 증폭기를 끼우면 상황은 달라진다. A는 자기 노하우를 AI로 3배를 증폭해 24점이 되고, B는 AI를 더 적극적으로 활용해 10배 증폭시키면 50점이 된다. 이제 실력 차는 '3점'이 아니라 '26점'으로 벌어지게 되는 것이다. 몇십 년간 개인적인 능력 차이가 3~5점으로 표현된다면, 30점 정도의 차이는 지금까지 사회생활에서 누구도 느껴보지 못한 능력 차이다. 그런데 이 차이를 여러분들이 이제 느낄 수 있다는 것이다. 이것이 바로 AI 시대의 무서운 현실이다. **AI는 강자를 더 강하게 만들지 않는다. 대신, 학습과 도전을 멈추지 않는 사람에게 무한한 능력 확장성을 부여한다.** 따라서 기업은 직원들이 AI를 적극적으로 활용하도록 유도해야 한다. 그렇지 않으면, 내부에서도 'AI를 잘 쓰는 직원과 그렇지 않은 직원' 사이의 격차가 급격히 벌어지게 될 것이다.

AI를 조직문화로 정착시키기 위해서는 단순히 툴을 도입하는 것이 아니라, **AI를 기반으로 한 '새로운 일하는 방식'을 정의하는 것이 중요**하다. 즉, 'AI가 대신하는 일'과 '사람이 해야 하는 일'의 경계를 명확히 나누는 것이다. 예를 들어, 다음과 같이 역할을 분리해보자.

- 자료 정리·보고서 요약·기획안 구조화는 AI가 담당한다.
- 판단, 우선순위 결정, 감성적 커뮤니케이션은 사람이 담당한다.

이렇게 분리하면, 직원은 AI를 위협으로 느끼지 않고 업무 파트너로 인식하게 된다. 또한, AI 활용을 일회성 프로젝트가 아닌 **지속 가능한 학습 루틴**으로 만드는 것도 중요하다. 매주 팀 단위로 'AI 활용 점검 회의'를 열어 AI를 어떻게 썼는지, 어떤 점이 개선되었는지 공유하도록 한다. **AI를 잘 쓰는 직원의 프롬프트와 활용 사례를 공유**하면, 조직 전체의 수준이 서서히 올라갈 것이다.

① AI는 도구가 아니라 조직의 생존 시스템이다.

② 대표와 임원부터 AI를 직접 사용하고, 그 경험을 직원과 공유해야 한다.

③ 직원에게는 AI 학습비용 지원, 교육, 인센티브 제도를 통해 활용 습관을 형성시켜야 한다.

④ AI는 개인 역량의 증폭기다. 잘 쓰는 사람은 실력이 10배로 커진다.

⑤ AI가 조직의 언어가 되고, 회의의 화두가 되고, 일상의 습관이 되는 순간, 기업은 진짜로 변화한다.

AI로
나를 성장시키는 법

누구나 건강관리를 위해 헬스장을 다녀본 적 있을 것이다. 그런데 헬스장에 가서 혼자 운동하기란 쉽지 않다. 운동기구도 낯선데다가 운동을 오랫동안 한 사람들 속에서 혼자 운동을 시작하는 일은 생각보다 큰 용기가 필요하다. 그럴 때 1:1 개인 트레이닝 PT(Personal Training)를 받으면 좀 쉽게 시작할 수 있다. 헬스장에 가면, 개인 트레이너가 운동순서, 운동방법, 식단조절까지 모

AI는 나를 성장시킬 수 있는 개인 트레이너다

두 관리해준다. 몇 달을 트레이너와 함께 운동하다 보면, 헬스장은 더 이상 낯설고 불편하지 않다.

이렇게 적응이 완료되면, 어느새 나는 많이 성장해 있다. 처음 헬스장에 왔을 때와 비교해보면 근력, 체력, 운동 능력, 정신력 등 모든 게 달라졌음을 느낄 수 있게 된다. 내가 한참 운동에 빠져서 헬스장을 다닐 때 느꼈던 기분이었다. 그 기분을 최근에 Chat-GPT를 2년간 사용해오면서 많이 느끼고 있다. ChatGPT가 나를 2년 동안 성장시켰다. **더 활동적이게, 더 똑똑하게, 더 빠르게, 더 다양하게 나를 바꾸고 있다.**

AI를 다루는 일은 결국 나 자신을 다루는 일이 될 것이다. AI는 단순히 정보를 제공하는 도구가 아니라, 내 생각을 비추는 거울이며, 나의 사고를 확장하는 파트너다. 지금까지 우리는 AI를 통해 사업을 기획하고, 계획서를 작성하며, 조직의 시스템을 변화시키는 법을 배웠다. 그러나 그 모든 과정의 중심에는 '사람'이 있다. **'AI를 얼마나 잘 다루느냐'는 곧 '자신의 사고를 얼마나 명확히 이해하고, 발전시키느냐'의 문제다.** 결국, 'AI를 활용한다는 것'은 '나를 성장시키는 과정'이 되는 것이다.

AI로 나를 성장시키는 첫 번째 방법은 기록과 피드백의 습관을 만드는 것이다. AI와의 대화는 단순한 질의응답이 아니다. AI에게 질문을 던지고 답변을 받는 순간, 나는 이미 내 생각을 언어화하고 구조화하고 있다. 이 대화의 흔적을 꾸준히 기록하면, 그 자체가 나의 사고 기록이 된다. 매일 아침 업무 전 '오늘 내가 해야 하는 업무의 우선순위'를 AI에게 묻고, 하루가 끝날 때 '오늘의 업무 중 수행하지 못했거나 부족한 부분이 있었는가?'를 점검하는 습관을 갖게 될 수도 있을 것이다. 이런 개인의 스케줄 관리에 대한 부분까지 가이드를 해줄 수 있는 AI는 나에 대한 많은 정보를 가졌을 것이다. 내가 얼마나 많은 정보를 주느냐에 따라 AI가 할 수 있는 능력이 크게 달라지기 때문이다. **그렇게 쌓인 기록은 단순한 일지가 아니라 나의 두 번째 두뇌이자, 디지털 자아**(Digital Self)**가 된다. 이러한 기능은 향후 AI 에이전트 발전에 따라 더욱 강화될 것이다.**

AI로 나를 성장시키는 두 번째 방법은 일상의 관심사를 학습의 주제로 바꾸는 것이다. AI는 단순히 업무용 보조가 아니라, 나의 호기심을 확장해주는 학습 도구다. 요즘 배우고 싶은 것이 있다면 AI에게 이렇게 물어보라.

"AI야, 하루 10분씩 영어공부를 할 수 있도록 회화 위주의 교육 커리큘럼을 정리해서 제시해줘."

그러면 AI는 나의 수준에 맞게 내용을 구분하고, 학습 순서를 제시한다. 이렇게 하면 배움은 부담이 아니라 루틴이 된다. 하루 중 일부를 학습으로 치환하는 순간, **AI는 나의 하루를 '소비'가 아닌 '성장'으로 바꿔준다.**

AI로 나를 성장시키는 세 번째 방법은 AI를 스승으로 두지 말고, 동료로 두는 것이다. AI에게 답을 요구하기보다는 생각을 묻고 반론을 요청해야 한다. 스승에게는 일방적으로 지식을 전달받지만, 동료와는 토론하게 된다. **AI는 상호 간 반복적인 반응을 토대로 성장해나가는 점을 인식해야 한다.** 예를 들어 "이 사업 아이템의 문제점을 반대 입장에서 논리적으로 정리해줘"라고 요청하면, AI는 새로운 시각을 던져준다. 이런 대화를 반복할수록 나의 사고는 더 입체적으로, 더 균형 잡힌 방향으로 확장된다. **AI는 나보다 빠르지만, 나는 AI보다 깊게 느낄 수 있다. 이 2가지가 결합될 때, 속도와 깊이가 공존하는 사고의 구조가 만들어진다.**

AI로 나를 성장시키는 네 번째 방법은 AI를 일상의 루틴으로 정착시키는 것이다. 하루를 시작할 때 AI에게 일정과 목표를 정리 받고, 업무 중에는 기획의 논리를 다듬으며, 하루의 끝에는 나의 사고를 피드백 받는다. 이 3가지 루틴이 일상에 자리 잡으면 AI는 단순한 도구가 아니라, 생각의 조력자이자 삶의 리듬을 함께 맞추는 동반자가 된다. 이런 습관이 쌓이면, **AI는 나를 대체하지 않고 나의 능력을 증폭시키며, 나의 가능성을 현실로 만들어준다.** 나는 현재 이러한 루틴을 만드는 것에 가장 많은 시간을 할애하고 있고, 공부하고 있다. 처음에는 쉽지 않지만, 시간을 투자해서 사용할수록 점점 그 루틴은 일상이 되고 있고, 앞으로 그렇게 될 것으로 생각한다.

AI는 결국 확장한 또 하나의 나다. AI를 통해 나는 나를 더 잘 이해하고, 나의 한계를 더 명확히 바라보며, 나의 가능성을 새롭게 발견할 수 있다. 앞으로 AI는 사람을 대체하지 않을 것으로 생각한다. 오히려, 사람이 스스로 더 깊이 성장할 수 있도록 돕는 존재라고 생각한다. **AI를 꾸준히 배우고, 대화하며, 기록하는 사람**

은 결국 더 인간적으로 성장할 것이다. 왜냐하면, 그 사람은 끊임없이 생각하고, 묻고, 배우면서 해결해왔기 때문이다. 그것이야말로 AI 시대에 진짜 '성장하는 인간'의 모습이다.

① AI는 나를 대신하는 존재가 아니라, 나를 확장하는 존재다.

② 기록과 피드백의 루틴을 만들어야 AI가 나의 사고를 반영한다.

③ 일상의 관심사를 학습의 주제로 전환하면, AI는 평생 학습 도구가 된다.

④ AI는 스승이 아닌 동료다. 함께 논의하고 반론하며 사고를 확장하라.

⑤ AI를 일상 속 루틴으로 정착시키면, AI는 나의 또 다른 두뇌가 된다.

앞에서 AI에 관한 이야기를 충분히 다루었다. 이제 여기에서는 단순한 요약이나 교훈을 전하는 대신 독자에게 단 하나의 질문을 던지고 싶다.

"당신은 앞으로 AI를 사용할 것인가? 아니면 사용하지 않을 것인가?"

이 질문은 가볍게 던지는 말이 아니라, 앞으로 5년, 10년 뒤 당신과 당신의 기업이 어디에 서 있을지를 결정하는 본질적인 선택이다. AI는 이미 우리의 일자리를 빼앗을 것인지, 산업을 혼란스럽게 만들 것인지 같은 논쟁의 초점을 벗어나, '어떻게 쓰느냐에 따라 기업의 생산성, 기획력, 그리고 조직의 방향성까지 달라지게 만드는 실질적 도구'로 자리 잡았다. **이제는 선택의 문제가 아니라 '속도와 태도의 문제'가 된 것이다.**

특히 제조업과 같은 산업 분야에서 일해온 사람들은 누구보다 잘 알고 있다. 한 번의 공정 개선이 전체 원가를 바꿀 수 있고, 한 번의 설비전환이 향후 10년의 경쟁력을 좌우한다는 것을. 그렇다면 우리는 왜 AI라는 거대한 변화 앞에서 여전히 머뭇거리고 있을까. 대부분은 익숙하지 않아서, 자신 없어서, 혹은 지금 필요한 작업이 너무 많아서 '나중에 천천히 배우자'라고 생각한다. 그러나 내가 ChatGPT와 같은 오픈AI를 매일 사용하면서 느끼는 것은 단 하나다. AI는 '나중에' 배우면 늦는다. **AI는 뒤에서 천천히 따라가는 사람이 아니라, 앞에서 먼저 배우고 사용하는 사람에게 압도적으로 유리한 도구다.**

AI는 이미 PPT를 대신 만들어주고, 엑셀의 복잡한 분석도 간단한 문장 하나로 끝낼 수 있게 해주며, 캐드 도면 초안부터 연구개발 과제의 기술기획까지 AI와의 대화만으로 구조화해준다. 하지만 이 책의 핵심은 그런 '사용법'의 나열이 아니다. **중요한 것은 어떤 일을 AI에게 넘기고, 어떤 일을 사람 스스로 해야 하는지 구분하는 감각을 갖는 것이다.** 반복되고 표준화된 일들은 최대한 AI에게 맡기고, 사람은 더 본질적이고 창의적인 판단과 책임, 방향 설정에 집중하는 구조를 만들어야 하며, 이것이 앞으로의 기업이 성장할 수 있는 가장 현실적이고, 제일 강력한 전략이 될 것이다.

지금도 많은 기업 실무자가 이런 고민을 하고 있을 것이다.

'AI를 쓰면 도움이 될 것 같은데… 어디서부터 시작해야 할까?'

'기획서도, 보고서도, 개발전략도… 다 내가 손으로 만들어야 하는데 AI에게 맡겨도 될까? 맡긴다면 정확할까?'

'지금까지 해왔던 방식이 있는데 굳이 바꿀 필요가 있을까?'

이러한 질문과 고민은 당연할 것이다. 그러나 나는 단언한다.

"지금의 방식으로는 앞으로의 세상을 버티는 것조차 쉽지 않다."

기업의 경쟁력은 기술이나 설비보다도 '기획의 속도', '결정의 정확성', '실행의 논리성'에서 나온다. 그리고 이 3가지는 AI가 가장 강한 분야다. 인간의 경험이 방향을 정하고, AI가 그 방향을 구조화하고 검증하는 방식은 기존 방식과는 비교할 수 없을 만큼 빠르고 명확하다.

가령, 기존에는 기술기획을 위해 업계 트렌드를 수집하고, 관련 논문을 찾아보며, 비슷한 사례를 정리한 뒤, 이를 토대로 개발목표를 잡고 과제 구조를 설계하는 데 며칠이 걸렸다. 그러나 AI를 활용하면 단 몇 문장의 프롬프트만으로 이 모든 과정이 하나의 기승전결 구조로 정리된다. 더 놀라운 것은, **AI가 제시한 구조 안에는 내가 미처 생각하지 못했던 변수와 함수가 들어 있고, 기존의 사업 패턴에서는 잘 보이지 않던 새로운 기회까지 포함되어 있다는 점이다.** 이것이 AI가 가진 진짜 가치다. '사람의 생각을 넘어서는 시야'를 제공하는 능력, 그리고 '사람의 시간으로 해결할 수 없는 속도'를 제공하는 능력이다.

결국, 이 책에서 전하고 싶은 메시지는 한 가지다. **AI는 인간을 대체하는 기술이 아니라, 인간이 한 단계 더 깊게 성장하도록 돕는 도구다.** 기술은 언제나 사람을 중심으로 움직여왔다. 산업혁명 때의 기계도, 정보화 시대의 컴퓨터도, 그 중심에는 늘 사람의 역할이 있었다. AI 시대도 마찬가지다. **AI를 잘 활용하는 사람은 누구보다 빠르게 성장하고, 누구보다 넓게 생각할 수 있으며, 누구보다 정교하게 기획할 수 있다.** 그러나 AI를 멀리하는 사람은 자신의 시간을 소비하고, 반복적 업무에 묶여, 결국 성장의 속도가 느려지게 된다.

이제 당신에게 필요한 것은 많은 공부도, 복잡한 도구도 아니다. AI에게 한번 질문해보고, 한번 대화해보며, 한번 맡겨보는 용기다. 그 작은 시작이 삶의 속도를 바꾸고, 기업의 방향을 바꾸며, 당신의 역할을 바꾼다. AI는 아직 완벽하지 않지만, 이미 매우 강력하다. 그리고 당신이 그것을 어떻게 활용하느냐가 앞으로의 5년을 결정할 것이다. 이 책을 읽고 있는 당신에게, 나는 다시 질문한다.

"이제 어떻게 할 것인가? AI를 사용할 것인가? 아니면 그대로 머물 것인가?"

이 질문에 대한 답은 결국 당신의 선택에 달려 있다. 하지만 내가 제조현장에서, 기획현장에서, 정부사업의 평가현장에서 수십 년 동안 경험해온 결론은 단 하나다.

"AI를 남들보다 빨리 쓰는 사람이 미래를 선점한다."

그리고 그 미래는 당신이 생각하는 것보다 더 빠르게, 더 크게, 더 조용하게 다가오고 있다.

이제 당신의 손에는 두 번째 두뇌가 있다.
AI와 함께 배우고, 질문하며, 기획하고, 성장하라.
그 선택이 당신의 미래, 당신의 조직,
당신의 산업을 바꿀 것이다.
그리고 그 변화는 지금 이 순간, 이 한 걸음에서 시작된다!

AI로 기획하라

제1판 1쇄 2026년 2월 5일

지은이 노중석
펴낸이 한성주
펴낸곳 ㈜두드림미디어
책임편집 최윤경
디자인 디자인 뜰채 apexmino@hanmail.net

㈜두드림미디어
등 록 2015년 3월 25일(제2022-000009호)
주 소 서울시 강서구 공항대로 219, 620호, 621호
전 화 02)333-3577
팩 스 02)6455-3477
이메일 dodreamedia@naver.com(원고 투고 및 출판 관련 문의)
카 페 https://cafe.naver.com/dodreamedia

ISBN 979-11-24026-24-3 (03320)

**책 내용에 관한 궁금증은 표지 앞날개에 있는 저자의 이메일이나
저자의 각종 SNS 연락처로 문의해주시길 바랍니다.**